FRANCINE PROSE

CLEÓ PATRA

SEU MITO, SUA HISTÓRIA

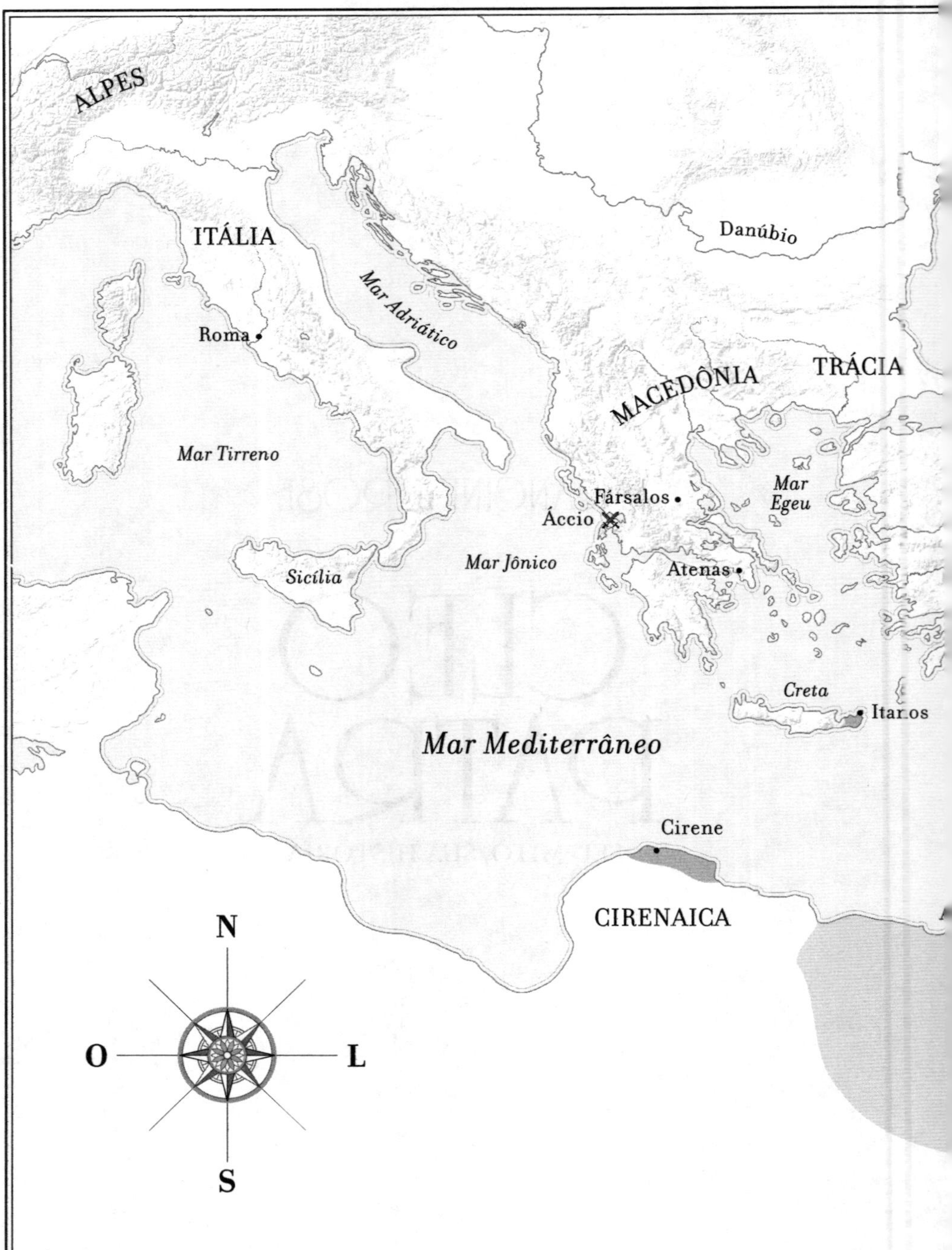

O MUNDO DE CLEÓPATRA E MARCO ANTÔNIO

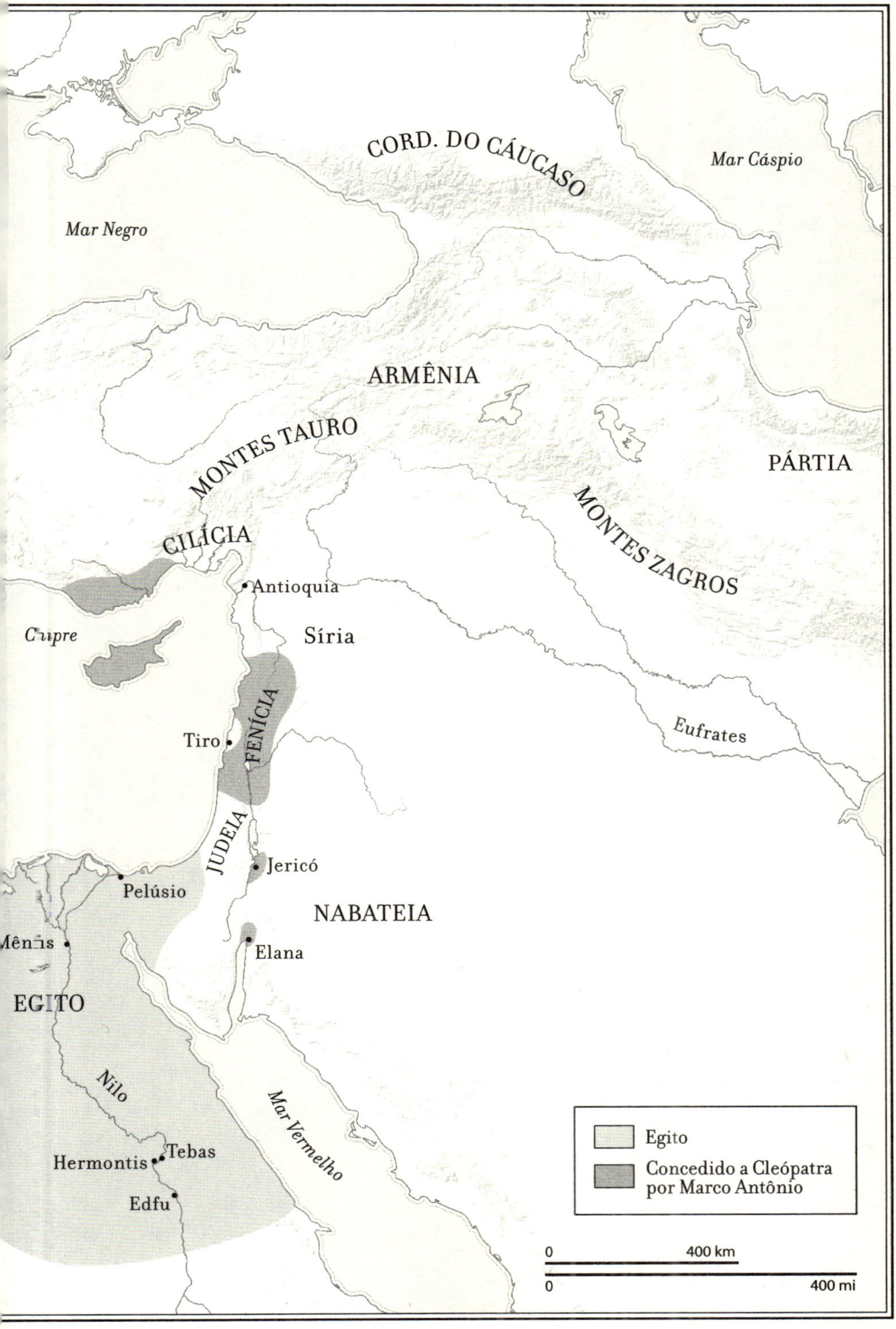

CORD. DO CÁUCASO
Mar Cáspio
Mar Negro
ARMÊNIA
MONTES TAURO
PÁRTIA
MONTES ZAGROS
CILÍCIA
Antioquia
Chipre
Síria
FENÍCIA
Tiro
Eufrates
JUDEIA
Jericó
Pelúsio
NABATEIA
Mênfis
Elana
EGITO
Nilo
Mar Vermelho
Tebas
Hermontis
Edfu
Egito
Concedido a Cleópatra por Marco Antônio
0
400 km
0
400 mi

FRANCINE PROSE

CLEÓ PATRA

SEU MITO, SUA HISTÓRIA

Tradução
Flávia Souto Maior

Planeta

Título original: *Cleopatra: Her History, Her Myth*

Preparação: Fernanda Guerriero Antunes
Revisão técnica: Érika Ramos
Revisão: Patrizia Zagni e Ana Laura Valério
Projeto gráfico e diagramação: Matheus Nagao
Capa: Túlio Cerquize
Imagens de capa: George Barbier / Rawpixel e Liudmila Klymenko / Shutterstock
Mapa (p. 2 e 3): Beehive Mapping

Dados Internacionais de Catalogação na Publicação (CIP)
Angélica Ilacqua CRB-8/7057

Prose, Francine
Cleópatra : seu mito, sua história / Francine Prose ; tradução de Flávia Souto Maior. - São Paulo : Planeta do Brasil, 2024.
192 p.

ISBN 978-85-422-2600-3
Título original: Cleopatra: Her History, Her Myth

1. Cleópatra, Rainha do Egito, m. 30 a.C. – Biografia 2. Rainhas – Egito - Biografia I. Título II. Maior, Flávia Souto

24-0138 CDD 932.021

Índice para catálogo sistemático:
1. Cleópatra – Biografia

MISTO
Papel | Apoiando o manejo florestal responsável
FSC® C019498

Ao escolher este livro, você está apoiando o manejo responsável das florestas do mundo

2024
Todos os direitos desta edição reservados à
Editora Planeta do Brasil Ltda.
Rua Bela Cintra, 986, 4º andar – Consolação
São Paulo – SP – 01415-002
www.planetadelivros.com.br
faleconosco@editoraplaneta.com.br

O biógrafo deve ser um historiador, mas também um romancista e um bisbilhoteiro.
– Diane Johnson, *Lesser Lives*

O passado é sempre uma ideia que as pessoas têm sobre ele depois de um acontecimento. Aqueles cujo trabalho é contar sobre o passado no próprio presente chamam isso de história. Para gerações nascidas posteriormente, que recebem as recordações de seus pais ou avós, ou leem historiadores, o passado é uma ficção, um mito empacotado (de modo confortável) em uma época, delimitado por um acontecimento em particular: uma guerra, uma crise financeira, um reinado, uma década, um século – qualquer coisa que quebre de forma conveniente a passagem contínua do tempo em uma narrativa manejável.
– Jenny Diski, *The Sixties*

Sumário

Cleópatra

Introdução

No terço final de *Vida de Antônio*, de Plutarco, há uma passagem que serve para nos lembrar de como uma leitura analítica pode ampliar e aprofundar nossa compreensão.

Ao escrever mais de um século depois da morte de Marco Antônio e Cleópatra, Plutarco descreve um momento em que os laços entre os amantes estão começando a se desgastar. Durante um longo hiato desde seu caso amoroso com a rainha do Egito, Marco Antônio se casou com Otávia, meia-irmã de Otaviano, que havia enviuvado. Intermediado por Otaviano, o casamento acalmou a crescente tensão entre os líderes romanos rivais. Marco Antônio e a exemplar Otávia estavam vivendo felizes em Roma, criando os dois filhos dela, os dois filhos de Marco Antônio de um casamento anterior e as duas filhas que tiveram juntos. No entanto, quando viaja para combater os partas na Síria, Marco Antônio volta a desejar Cleópatra. Segundo Plutarco, o redespertar desse desejo – a "terrível conduta" adormecida – é a raiz da catastrófica campanha parta, em que dezenas de milhares de soldados de Marco Antônio morreram de doenças, inanição ou foram massacrados em batalha.

Logo depois desse desastre humilhante, Marco Antônio abre caminho pela Armênia até a costa mediterrânea, onde convoca Cleópatra a se juntar a ele. Ela concorda, mas teme que Otávia também esteja indo da Grécia para lá. Ambas as mulheres estão levando enormes quantidades de suprimentos para o exército de Marco Antônio. É quando ocorre a passagem reveladora: um relato das ações de Cleópatra em que, pela primeira vez, ela se preocupa com a possibilidade de ser obrigada a lidar com uma rival romântica.

> Cleópatra, sentindo que Otávia chegaria para desafiá-la cara a cara, temia que, se sua rival acrescentasse à nobreza de seu caráter e ao poder de César o prazer de sua companhia e sua devoção a Marco Antônio, ela se tornaria irresistível e teria total domínio sobre o marido. Então, ela própria fingiu estar loucamente apaixonada por Marco Antônio e emagreceu ao adotar uma dieta leve. Seu olhar, quando ele entrava no cômodo, era arrebatador, e quando ele saía parecia abatido e desanimado. Ela cuidava para sempre ser vista chorando, e então secava as lágrimas e tentava ocultá-las, como se não quisesse que ele as visse.

O leitor atento ficará impressionado com o fato de que o ciúme ansioso que Cleópatra sentia por Otávia tornou-se parte integral de sua história, elemento que figurará em dramatizações subsequentes de sua vida, de *Antônio e Cleópatra*, de Shakespeare, ao inflado épico de 1963 estrelado por Elizabeth Taylor. O que torna esse fato tão problemático são o tom e a substância do relato de Plutarco, que – mais uma vez, em leitura analítica – provavelmente nos fará questionar: como Plutarco poderia saber que Cleópatra estava fingindo sua paixão por Marco Antônio?

A rainha egípcia era uma mulher inteligente e diplomática, que com certeza teria percebido que seria imprudente confidenciar a alguém, até mesmo a suas criadas, que estava atuando. Ou Plutarco inventou sua interpretação das demonstrações de tormento da rainha ou se utilizou de uma das fontes primárias que se perderam e não chegaram a nós. O inquestionável é que ele ou sua fonte eram hostis o bastante a Cleópatra para levantar suspeitas de fraude ou desconsiderar a possibilidade de suas emoções terem sido verdadeiras.

Cito essa passagem bem no início deste livro pela clareza e eficiência com que ela telegrafa um tema que será recorrente do começo ao fim: o que significou para nosso entendimento de Cleópatra ter sua história – sua história – contada com tanta frequência por escritores com intenções políticas, por autores que desconfiavam de suas motivações, por cronistas que suspeitavam de seu comportamento público e privado e por historiadores que, para dizer em poucas palavras, acreditavam que ela era uma mentirosa.

Seria fácil demais sugerir que essa visão infame de Cleópatra fosse limitada aos homens que contaram sua história. As poucas mulheres que se ocuparam de sua biografia foram, até um tanto quanto recentemente, não menos hostis.

Em *Lives of Cleopatra and Octavia*, escrito em 1757, por exemplo, Sarah Fielding, cujo irmão mais famoso é autor de *Tom Jones*, escreve o que se propõe a ser o relato de Cleópatra em primeira pessoa. Cleópatra confessa ter fingido ficar assustada (e carente de proteção masculina) depois de cambalear e tropeçar ao encontrar Marco Antônio em Tarso. E sua dissimulação estava longe de ser surpreendente. Segundo Fielding, Cleópatra "olhava para o restante da Humanidade com o mais profundo Desprezo; eu não os considerava mais capazes de Sentir, como se fossem inanimados. Os Prazeres ou Dores dos outros eram, para mim, de tão pouca Importância que eu vivia como se fosse a única Criatura na Face da Terra com algum Sentimento".

Qualquer tentativa de escrever sobre a vida de Cleópatra exige distinguir o que aconteceu – ou o que é mais provável que tenha acontecido – da visão de duplicidade, decadência negligente e imoralidade obscena que, por uma série de razões, seus contemporâneos e sucessores optaram por retratar.

O mito que passou a cercar Cleópatra foi tecido sobre a estrutura de dados e fatos que podem ser provados. Sabemos que ela foi a última soberana pertencente à dinastia ptolomaica, estabelecida logo depois da conquista do Egito por Alexandre, o Grande. Sabemos quem foi seu pai e o nome de seus irmãos, embora haja controvérsias em relação a quantos eram. Sabemos que três, muito provavelmente quatro, de seus irmãos tiveram mortes violentas. Sabemos que ela era uma pessoa muito instruída e plurilíngue. Sabemos que ela cresceu no enorme complexo do palácio real em Alexandria – ou pelo menos consideramos essa informação plausível.

Sabemos em que ano ela ascendeu ao trono egípcio. Sabemos que ela travou uma amarga guerra civil contra um irmão mais novo, que era também seu corregente e cônjuge, um conflito que venceu com a ajuda de Júlio César, seu amante e pai de seu filho mais velho.

Sabemos que ela teve quatro filhos, uma menina e três meninos.

Sabemos que ela governou o Egito por mais de vinte anos e o defendeu das agressões territoriais do Império Romano. Sabemos que ela deu início a ambiciosos projetos de construção, contribuiu para as belezas arquitetônicas e a vida intelectual da cidade de Alexandria, expandiu as fronteiras de seu país e resistiu a uma sucessão de sérias crises nacionais e internacionais. Sabemos que ela teve três filhos com Marco Antônio. Sabemos que ela e Marco Antônio foram derrotados por Otaviano na Batalha de Áccio, depois da qual os dois se distanciaram amargamente.

Sabemos que seus últimos meses foram desesperados, uma vez que ela tentava sobreviver, manter seu país e proteger seus filhos. Sabemos que ela morreu em 30 a.C., um suicídio. Sabemos que, logo depois de sua morte, o líder romano Otaviano anexou o Egito – resultado que Cleópatra lutou para evitar durante a maior parte de seu reinado.

Sua vida pode ser vista como uma história feminista, até por incluir tantas coisas que mulheres não deveriam fazer. Até hoje seria incomum a qualquer um, sobretudo uma mulher, agir como planejador urbano, estrategista militar, diplomata, linguista e governante de um país enorme com uma população diversa e irrequieta. Existiram outras rainhas egípcias. Durante o século XV a.C., Hatshepsut permaneceu no poder por cerca de vinte anos. Como Cleópatra, ela supervisionou projetos de construção épicos e ampliou as fronteiras do Egito. Arsínoe II governou ao lado de seu marido-irmão, Ptolomeu II, contra o qual conspirou com seus filhos, dois dos quais foram assassinados. No entanto, nenhuma das predecessoras do sexo feminino de Cleópatra chegou a ter um status tão lendário quanto o dela.

A duração e as realizações de seu reinado são ainda mais impressionantes devido (talvez nem seja necessário dizer) à época dominada por homens em que ela viveu. Enquanto mulheres egípcias tinham direito de ser donas de propriedades, ter uma atividade econômica e desfrutar de certo grau de autonomia, suas contrapartes grega e romana eram legalmente proibidas de fazer qualquer coisa sem a permissão de seus guardiões. Como observa a historiadora Sarah Pomeroy:

> A fraqueza e leveza do espírito do sexo feminino (*infirmitas sexus* e *levitas animi*) eram os princípios básicos da teoria do direito romano, que ditava que todas as mulheres ficassem sob a custódia de homens. Na infância, uma filha ficava sob o domínio do homem mais velho de sua família, o *pater familias*. O poder do *pater familias* não tinha paralelo na lei grega; ela estendia a determinação de vida ou morte para todos os membros da unidade familiar... Um guardião era exigido quando uma mulher executava transações importantes.

Mesmo quando defendemos o reconhecimento do tanto que Cleópatra realizou, de uma carreira que foi muito além e abrangeu muito mais do que sua vida amorosa, a ironia é que muito do que sabemos sobre ela chegou a nós porque ela estava romântica e politicamente envolvida com dois homens que interessavam a Plutarco. As mais conhecidas e persistentes narrativas sobre a vida de Cleópatra vêm de *Vida de Antônio*, de Plutarco, e, em menor grau, de seu *Vida de César*. Embora não seja o sujeito com o nome no título em *Vida de Antônio*, Cleópatra entra, apropria-se dele, prova ser mais corajosa e mais determinada que Marco Antônio e, por fim, dura mais que ele no texto, assim como aconteceu – embora de modo breve – na vida.

Escrito na passagem do século I ao II d.C., *Vidas*, de Plutarco, é uma compilação muito interessante, impulsionada por detalhes surpreendentes e memoráveis, arroubos narrativos inspirados, explosões de virtudes e vícios. Ele nos dá aquela sensação, transmitida pelos grandes escritores do passado, de estarmos na presença de um ser humano falando diretamente conosco.

A primeira vez que Cleópatra aparece em *Vida de Antônio*, de Plutarco, ela é apresentada com uma piadinha dissimulada sobre gênero e poder. Plutarco está descrevendo Fúlvia, primeira esposa de Marco Antônio, a quem foi infiel com Cleópatra. Fúlvia era uma mulher incomum, desinteressada da vida doméstica ou das ocupações tradicionais femininas. Ávida por influência política, ela tentou obtê-la da única forma possível a uma mulher romana: dominando um homem poderoso. Ela "desejava governar um governante e comandar um comandante".

Plutarco observa que Cleópatra deveria ter pagado uma taxa a Fúlvia por ela ter ensinado Marco Antônio a obedecer a uma mulher – querendo dizer que dar ouvidos a mulheres era tão anormal, tão *pouco viril*, que um herói militar como Marco Antônio deve ter precisado de instruções para isso: "Cleópatra, como já o pegou domado e treinado com os princípios para obedecer a uma mulher, devia uma boa soma a Fúlvia por ter educado Marco Antônio nos domínios femininos".

Aquela (por fim, fatal) rendição aos "domínios femininos" foi o pecado pelo qual Plutarco e autores posteriores jamais perdoariam Marco Antônio, mesmo com Shakespeare fazendo seu público enxergar pelo menos um pouco do que obcecava tanto o general romano. As concessões que Marco fez e erros que cometeu, a redução gradual de sua ação e virilidade, a cegueira que sofreu por conta de Cleópatra – tudo isso está no âmago da fábula que Plutarco se propôs a narrar e que foi contada e recontada por quase dois mil anos. Os detratores romanos de Cleópatra a viam como uma ameaça dupla: um desafio às ideias vigentes sobre o que uma mulher deveria ser e uma governante teimosa que subvertia e frustrava os planos de expansão imperial e dominância de Roma.

Embora os clássicos nos lembrem de que certos aspectos da natureza humana e seu comportamento são atemporais, não podemos deixar de ler essas obras através das lentes de nossa época. O momento atual molda nossa visão de um tempo em que racismo, imperialismo e misoginia convergiam em todas as formas terríveis que essas forças tomaram. Não podemos mais olhar para a vida de Cleópatra como fazíamos meio século atrás. Hoje, estamos cientes de que sua história foi contada por autores que, intencionalmente ou não, eram defensores da expansão imperial romana.

Ignorando as espetaculares evidências da história e civilização do Egito, escritores romanos retratavam com frequência os egípcios como inferiores, menos evoluídos: desonestos, licenciosos, violentos, de costumes exóticos e perturbadores. Em *Guerra de Alexandria*, que se acredita ter sido escrito por Hírcio, um dos cônsules de César, lemos que "César sabia muito bem que os alexandrinos eram um povo traiçoeiro, sempre mantendo um alvo à vista e fingindo para outro". Diodoro Sículo, contemporâneo de Cleópatra, registra a história de um cidadão romano linchado por uma multidão egípcia porque havia matado acidentalmente um gato sagrado. Diodoro continuou dizendo que, em épocas de fome, os egípcios preferiam comer uns aos outros a matar seus animais de estimação. Ele ficou impressionado com o ritual de alimentação de falcões e gatos, com o elaborado processo de mumificação que preservava os corpos dos animais sagrados e até onde as pessoas iam para negar qualquer responsabilidade por matar um cachorro que tinham encontrado sem vida na rua. Ele descreve a deliciosa comida servida aos crocodilos, bodes, touros e leões: "a melhor farinha de trigo ou grãos de trigo fervidos em leite, todo tipo de doce feito com mel e carne de pato, cozida ou assada" (livro 1). Diodoro teoriza, de forma pouco convincente, que a adoração aos animais começou quando os egípcios venceram batalhas em que hastearam flâmulas decoradas com imagens de animais, concluindo assim que os animais haviam sido responsáveis pelas vitórias.

Quando os romanos se comparavam a pessoas que valorizavam a vida de um gato acima da de um homem, quando contrastavam a mulher romana modesta – obediente e voltada ao lar – com a devassa e imoral rainha do Egito, viam não apenas uma necessidade econômica e estratégica para anexar o Egito, mas também um dever moral.

Embora Cleópatra tenha nascido – e aparentemente se considerasse – grego-macedônia, só importava para seus contemporâneos romanos o fato de ela não ser romana e, mais importante, de sua existência, sua influência e seu poder constituírem um obstáculo para a expansão romana. Ela era uma força a ser destruída ou encorajada a se autodestruir para que o império pudesse prosperar. Seu gênero, sua "orientalidade" exotizada e sua determinação a proteger a autonomia de seu país ajudaram a explicar por que se pensava que o Egito necessitava da orientação moral, política e prática de Roma – e por que Cleópatra precisou, de fato, do apoio e da lealdade de Marco Antônio e Júlio César.

É difícil não notar o quanto seu gênero determinou profundamente a forma como sua história foi contada. Apesar das evidências de suas conquistas – o reino que governou, a cidade que ajudou a construir, a aparente facilidade com que circulava entre os dois mundos, Roma e Egito –, ela é, em geral, mais conhecida por seduzir, controlar e manipular seus amantes romanos, Júlio César e Marco Antônio.

Os romanos foram os primeiros de muitos a retratar Cleópatra como uma rainha asiática cruel, repleta de ambição e ganância e sem nenhuma consciência moral. A pintura orientalista *Cleópatra testando venenos em prisioneiros condenados* (1887), de Alexandre Cabanel, mostra a rainha reclinada em seu sofá enquanto prisioneiros – cobaias de seus testes de toxinas fatais – morrem agonizando à sua volta. A história de uma mulher que destrói homens impulsivamente, ou é responsável por nosso exílio eterno do Jardim do Éden, ou incita um assassinato brutal ou uma guerra catastrófica, nunca saiu de moda.

O horror visceral de mulheres ambiciosas fica evidente nessa passagem extraordinária de Plutarco sobre Olímpia, mãe de Alexandre, o Grande:

> Uma vez, uma serpente foi vista estendida ao lado do corpo de Olímpia enquanto ela dormia e isso, mais do que qualquer outra coisa, dizem, diminuiu o fervor da paixão de Filipe por ela. Como consequência, ele passou a não se deitar mais com frequência ao lado dela para dormir, seja por temer que ela pudesse lançar um feitiço sobre ele, seja por pensar que ela era familiar de algum ser superior.

A linguagem dos encantos, feitiços e encantamentos também cerca Cleópatra em *Vidas*, de Plutarco, e na obra daqueles que beberam em sua fonte. Quando esses homens escrevem que a magia de Cleópatra transformou Marco Antônio em seu brinquedo, não estão falando metaforicamente. Estão dizendo que ela praticava magia, o que tornava seu poder inexplicável, imprevisível, injusto. Estão afirmando que ela usava um atalho, uma forma de agir sem as habilidades e virtudes mais admiráveis – diplomacia, coragem, conhecimentos políticos e militares – que seriam exigidas de um homem em sua posição.

Ao escrever no século I d.C., Propércio usa Cleópatra como exemplo do tipo de bruxa maligna que emprega truques vis para escravizar um homem; ele cita mulheres míticas, como Medeia, Pentesileia e Semíramis, predecessoras de sua amada e desprezada Cíntia, nome pelo qual o poeta se refere à mulher sem coração que inspirou suas *Elegias*. O que enfurecia Propércio não era só a suposta licenciosidade de Cleópatra, "aquela puta, rainha do Canopo incestuoso", mas suas ambições políticas e culturais: sua tentativa de elevar Anúbis, a divindade egípcia com cabeça de chacal, acima do deus romano Júpiter, de subjugar a importância do rio Tibre à do Nilo, de substituir a trombeta romana pelo sistro (instrumento musical egípcio) e de "estender seus horríveis mosquiteiros sobre a rocha Tarpeia", um penhasco adjunto ao monte Capitolino.

O poeta enaltece Otaviano, mais tarde coroado imperador Augusto, por ter salvado Roma e se dirige à rainha vencida, provocando-a por seu suicídio: "Fugiste das bocas errantes do amedrontado Nilo... Vi teus braços mordidos por víboras e teus membros atraindo a sonolência por um caminho secreto".

Para Horácio, nascido mais ou menos na mesma época que Otaviano, ela era um "monstro fatal". Uma das odes mais famosas de Horácio, escrita logo depois da morte de Cleópatra, celebra a derrota da conspiração da "rainha louca" contra Roma e a queima de seus navios, embora termine com um aceno à coragem e à determinação com que ela resistiu à captura, ao exílio e à humilhação pública: "Mas com semblante sereno contemplava/ Seu palácio em ruínas, e, valente/ Segurava furiosas víboras sem hesitar/ Enquanto a vil peçonha consumia seu corpo:/ Resoluta diante da morte autoimposta,/ Nega, de fato, ser carregada em triunfo/ Por grosseiros liburnos,/ Como se mulher de berço humilde fosse".

Em seu *Farsália* (*guerra civil*), composto durante a primeira metade do século I d.C., Lucano conta a história de Cleópatra com alguns detalhes. Como outros autores clássicos, ele enfatizou a ameaça política que ela representou quando a "vergonha do Egito" ousou testar "se uma mulher que não era *sequer romana* [grifo meu] poderia governar o mundo", um teste iniciado quando essa "filha libertina dos Ptolomeus" chegou para "poluir a cama do general romano". Mesmo na tradução, a linguagem da poluição racial é bem clara.

Para aqueles primeiros escritores cuja atenção ela capturou, sua sexualidade e talentos como sedutora a definiam: "Quem pode se recusar a perdoar a paixão selvagem de Marco Antônio quando até mesmo o coração insensível de César se incendiou?", perguntou Lucano. E acrescentou: "Ele maculou seus pensamentos com luxúria adúltera, misturou cópula ilícita, filhos ilegítimos, com assuntos de guerra... Ela teria tentado influenciar o coração duro de César em vão se sua beleza não se somasse às suas preces e a luxúria não intercedesse por ela".

A egípcia feiticeira e sedutora – paradigma racista e misógino adotado com avidez e amplificado por autores posteriores. Com o tempo, Cleópatra foi rebaixada do que foi na vida – uma soberana inteligente e competente em um período conturbado da história de seu país – para a personificação de tudo que era oriental, decadente e feminino, uma déspota que esbanjou uma fortuna e lançou feitiços que cegaram dois heróis romanos. Ao escrever no século XIV, Boccaccio nos diz que ela "enlaçou aquele homem lascivo com seus belos e devassos olhos" e "fez com que ficasse miseravelmente apaixonado por ela". No início do século XVII, um volume forjado de pornografia, *Cartas sobre a vergonhosa luxúria da Rainha Cleópatra*, incluía um relato escrito (de modo hipotético) por Marco Antônio, dizendo que a rainha libidinosa usou um capuz e fez sexo com 106 homens em um bordel.

Não só o poder de Cleópatra (principalmente a influência sobre seus amantes) era considerado perigoso e inconveniente, mas ela era vista como vítima de uma luxúria patológica ou, para usar uma palavra fora de moda nos dias de hoje, ninfomaníaca. Como outras "bruxas" famosas – Circe, Medeia –, ela era a personificação do temor e aversão dos homens à sexualidade feminina livre.

Já que as habilidades que Plutarco e seus sucessores atribuíam a Cleópatra limitavam-se a um conjunto de competências – a sedução –, não é de se surpreender que tanta atenção tenha sido concentrada em sua aparência. A famosa passagem de *Antônio e Cleópatra*, de Shakespeare ("A idade não é capaz de a fazer definhar, nem o costume envelhece"), é um hino à vitalidade de certa mulher mais velha, enquanto as conhecidas linhas de Plutarco sugerem que sua beleza era ofuscada por seu brilhantismo e charme: "Sua beleza em si, dizem, não era de todo incomparável, nem tamanha a ponto de impressionar quem a contemplasse; sua presença, contudo, lançava um feitiço inescapável, e sua aparência, combinada à persuasão de sua fala e à personalidade que permeava tudo o que ela dizia e fazia, tinha algo de fascinante".

Talvez uma imagem física da rainha tenha sobrevivido até a época de Plutarco, mas é improvável que Shakespeare tivesse qualquer ideia sobre a aparência dela. Nem nós temos. À exceção de uma representação grosseira do rosto em algumas moedas produzidas de forma rudimentar, não há retratos dela em que possamos confiar por completo. Esculturas no Vaticano, em Berlim e no Museu Capitolino, em Roma, supostamente representam Cleópatra, porém nenhuma delas chegou a ser (e é possível que nunca sejam) autenticada de forma satisfatória.

Ela pode muito bem ter sido bonita. No entanto, sua beleza é um constructo que autores e historiadores basearam na suposição de que apenas uma mulher muito bonita, idealmente com acesso à magia, poderia ter seduzido dois dos líderes militares e políticos mais influentes e poderosos de sua época. Seus encantos anuviaram o discernimento de seus amantes romanos de tal forma que, correndo o risco de alienar seus apoiadores e ameaçar sua carreira, Júlio César e Marco Antônio fizeram esforços consideráveis para passar tempo com ela em Roma e em Alexandria, e Marco Antônio a chamou repetidas vezes para encontrá-lo no meio do caminho de suas campanhas militares.

Se olharmos para Cleópatra através de qualquer lente que não seja a da aparência, da sedução, da manipulação sexual e dos relacionamentos com dois homens, vemos uma líder corajosa e muito competente. Venerada como uma deusa viva, ela foi uma exímia diplomata e estrategista militar. Ela ajudou a manter Alexandria como uma das cidades mais vibrantes e belas do mundo antigo, mesmo ao tomar a complicada decisão e cumprir os deveres de governar um estado multilíngue e multicultural com uma vasta burocracia e perpétuas tensões étnicas e de classe entre egípcios e grego-macedônios, separando os camponeses dos sacerdotes e das autoridades que os oprimiam. Não foi apenas uma conquista abstrata, mas uma habilidade de sobrevivência política ter dominado tantas línguas quanto Plutarco nos diz que Cleópatra falava.

O único documento existente que se acredita ter sido assinado pela própria Cleópatra trata de questões de alfândega e isenção de impostos para um dos generais de Marco Antônio. A vida cotidiana devia incluir muitas assinaturas como essa e obrigações secundárias, embora tenhamos sido encorajados a pensar, como tantos romanos e seus sucessores pareciam acreditar, que ela passava o tempo se vestindo, aplicando cosméticos, preparando poções do amor e tramando conquistas eróticas. É difícil imaginar um rei ou imperador cujas imensas conquistas e realizações tenham sido ignoradas de maneira tão ampla, mesmo que violentamente vilipendiado por ter conduzido dois casos amorosos sérios e em sequência.

De acordo com os historiadores W.W. Tarn e M.P. Charlesworth, Cleópatra inspirou "uma das maiores explosões de ódio da história; nenhuma acusação era vil demais para ser dirigida a ela". Muito se falou do barco do prazer cravejado de joias, do palácio dourado, do desperdício e excesso a que ela se entregava enquanto os egípcios comuns passavam fome. Os sacerdotes egípcios e a classe dominante macedônia podem ter argumentado que o esplendor era adequado – e até necessário – a uma rainha que, como seus ancestrais ptolomaicos, era parte humana e parte divina, mas isso teria parecido herético aos romanos, que se orgulhavam de sua (relativa) temperança e ideais republicanos.

Para os escritores e leitores que viveram depois dela, seus sucessivos casos amorosos com César e Marco Antônio ofuscaram o fato de que, por mais de duas décadas, uma mulher foi mais esperta que seus inimigos políticos ao mesmo tempo que frustrava o cobiçoso Império Romano. A velocidade e eficácia com que Otaviano absorveu o reino de Cleópatra depois de sua morte ofereceu ainda mais evidências de que, em suas últimas décadas, o Egito deveu sua (relativa) independência e sobrevivência em grande parte a sua última rainha ptolomaica.

A lenda de Cleópatra inspirou escritores de culturas distintas e períodos históricos distantes a se concentrarem em sua presumida licenciosidade, suas seduções encenadas com complexidade e, de modo ainda mais acentuado, em seu suicídio, supostamente por picada de cobra. Apenas nas últimas décadas os historiadores tentaram formular, com base nos fragmentos disponíveis, uma narrativa mais encorpada e menos restrita de sua vida.

Uma imagem mais precisa pode ser formada ao se acrescentar a essas narrativas sobre sexo e morte uma apreciação mais profunda pelo trabalho diário de governança e diplomacia, o constante planejamento necessário para regular a moeda e atenuar os efeitos de secas periódicas e colheita insuficiente, para pacificar os poderosos sacerdotes e sobrepujar os cortesãos hostis que a cercavam. Dois milênios depois de sua morte, só podemos ficar impressionados com a imensa responsabilidade e com o assombroso desafio de permanecer no poder e conduzir um país enorme em períodos de fome e guerra durante duas décadas tensas e difíceis.

Enquanto isso, os mutáveis (ou imutáveis) modos e costumes que separam nossa época da época dela podem ser acompanhados ao se observar as formas com que sucessivos séculos a retrataram. Ela se tornou uma espécie de espelho em que cada período vê a si mesmo. Romances foram escritos e filmes épicos foram produzidos; programas de televisão sobre ela podem ser vistos dia e noite por *streaming*. Entre as mulheres da Antiguidade, ela é uma das poucas que permaneceram como objeto de curiosidade, fascínio e desejo.

PARTE I

A vida de Cleópatra

Capítulo 1

As origens ptolomaicas

A dinastia a que Cleópatra pertencia, que durou quase trezentos anos e terminou com sua morte, foi estabelecida por volta de 330 a.C., depois que Alexandre, o Grande, grego-macedônio, libertou o país de seus odiados e opressivos ocupantes persas, que o haviam conquistado dez anos antes. Ele foi saudado como libertador e encontrou pouca resistência.

Enquanto estava no controle do Egito, Alexandre se esforçou para estabelecer sua conexão com as antigas dinastias faraônicas. Ele fez uma visita cerimonial ao templo em Mênfis e providenciou sua coroação como faraó no templo de Ptah, deus egípcio da criação. Esse templo permaneceria sendo o centro da vida religiosa egípcia mesmo depois que a capital passou a ser Alexandria.

Por fim, Alexandre consultou o oráculo do Oásis de Siwa, no deserto da Líbia. Segundo alguns relatos, o oráculo proclamou que Alexandre não só era o soberano do mundo, mas também filho do deus egípcio Amon, divindade que com frequência se fundia a Zeus em uma antiga mescla das religiões egípcia e grega.

Pronunciamentos oraculares e profecias eram extremamente importantes na cultura egípcia e a aprovação do conquistador macedônio pelo oráculo estabeleceu a legitimidade de sua autoridade. Apesar de a combinação das religiões grega e egípcia vir a ser encorajada pelos governantes ptolomaicos – estátuas de deuses egípcios foram erguidas em Alexandria –, há evidências de que a equiparação entre as divindades das duas culturas começou muito antes. Já no século v a.C., Heródoto tentou localizar um equivalente egípcio para cada deus grego.

Antes, Alexandre tinha fundado uma nova cidade na costa mediterrânea, onde ficava um vilarejo egípcio, localidade ideal para um porto, podendo ser acessada pelo Nilo. Em 331, ele deu à cidade o nome de Alexandria e contratou arquitetos, construtores e planejadores urbanos para construir estruturas e traçar as amplas vias. As praças públicas foram organizadas de acordo com uma planta que ele próprio desenhou.

Segundo Diodoro Sículo, "ao selecionar o ângulo correto das ruas, Alexandre fez a cidade respirar com os ventos etésios, de modo que, conforme soprassem por uma grande extensão de mar, refrescassem o ar da cidade e assim proporcionassem a seus habitantes um clima moderado e boa saúde" (livro 17). (Mais tarde, historiadores creditaram o projeto urbano a Dinócrates de Rodes.) Séculos depois, César ficou impressionado com a construção da cidade e também com o fato de a predominância de concreto e pedras de cantaria, e a ausência de vigas no piso e madeira, tornarem-na à prova de fogo. Ou pelo menos parcialmente à prova de fogo; a Grande Biblioteca de Alexandria foi danificada pelo fogo durante a guerra civil entre Cleópatra e seu irmão.

Quando Alexandre morreu na Babilônia, em 323, seus generais tiveram dificuldade para determinar como, na ausência de um herdeiro ou sucessor designado, seu império seria dividido. Seu aliado próximo e (segundo alguns) parente distante Ptolomeu foi o vitorioso e reivindicou o rico e fértil

Egito, abastecido pelas águas do Nilo. Ele depois ficaria conhecido como Ptolomeu Sóter (Salvador) ou, para os historiadores modernos, Ptolomeu I.

Depois de defender com êxito o Egito de seus rivais políticos e militares, Ptolomeu se tornou faraó por volta de 305–304. Ele fundou uma dinastia que manteve viva uma civilização antiga e ancestral e, por um tempo, estendeu as fronteiras do Egito para incluir Líbia, Chipre, Creta, Palestina, parte da Síria, Crimeia e o que hoje conhecemos como a Grécia moderna.

Devido à crença de que Alexandre, o Grande, não poderia ser cultuado adequadamente se suas relíquias estivessem em outro lugar, Ptolomeu I estabeleceu a própria primazia e aumentou o poder do culto político-militar-religioso alexandrino ao roubar o corpo de Alexandre no trajeto da Babilônia ao Egito e levá-lo para Mênfis. Mais tarde, seu filho Ptolomeu II ordenaria que o corpo fosse transferido para Alexandria: uma pavorosa jornada *post mortem*, como a de Eva Perón, em que se acreditava que a posse de um cadáver poderia conferir poder político.

Ptolomeu I se deu conta de que uma forma de pacificar os expatriados falantes de grego e os vindos da Macedônia, e de evitar que os egípcios se rebelassem sob domínio estrangeiro, era encorajar a imigração do Egito para a Grécia e ao mesmo tempo convencer os imigrantes e a população local de que seu regime era parte grego, parte egípcio. Isso não era verdade. Embora tivesse absorvido alguns aspectos da cultura do país que ocupava, a família real se esforçou para permanecer linguística, racial e etnicamente macedônia.

Fora do palácio real e em todo o Egito, o casamento inter-racial era comum e muitas vezes era difícil distinguir gregos de egípcios. Ainda assim, o grau de harmonia entre os egípcios nativos e os imigrantes mais novos da Grécia oscilava e a tensão entre a população indígena e seus governantes helenísticos persistiu até – e durante – o reinado de Cleópatra.

A cultura da Grécia não podia ser traduzida por completo, uma vez que as oliveiras, tão importantes na dieta e na vida cotidiana grega, não prosperavam em solo egípcio. Períodos pacíficos foram interrompidos por épocas de tensão étnica durante as quais os gregos eram vistos pelos egípcios nativos como intrusos que impunham sua vontade ao que havia sobrado de uma civilização orgulhosa e ancestral.

Em termos de religião, os grego-macedônios se adaptaram e adotaram qualquer coisa que parecesse propensa a consolidar sua influência e poder. Os reis e rainhas participavam dos sacrifícios e cerimônias que tivessem o maior número de seguidores e nos quais sua presença tivesse mais visibilidade.

Em seus esforços para consolidar as religiões nativa e importadas, Ptolomeu promoveu a adoração a Serápis, um deus que combinava aspectos do deus egípcio Osíris, o sagrado touro Ápis e o deus grego Zeus. A divindade era representada por uma figura antropomórfica com os longos cabelos e barba de um deus grego, mais compreensível e convincente para os gregos do que as divindades com cabeça de animal dos egípcios que tanto desconcertavam Diodoro. Serapeus foram construídos por todo o Egito, mas Ptolomeu III estabeleceu o maior deles sobre um planalto rochoso com vista para Alexandria. O impressionante templo viraria um popular destino de peregrinação.

Os Ptolomeus foram afortunados por terem assumido o controle de um país acostumado a endeusar e idolatrar seus reis e rainhas vivos e mortos. Aos governantes ptolomaicos foram concedidas honrarias divinas para aprofundar a conexão entre o templo e o Estado.

A mistura das culturas grega e egípcia não aconteceu sem atrito. Segundo o historiador Michel Chauveau, "a linha de ruptura criada pela chegada em massa dos gregos no Egito não só separou as duas comunidades, mas também afetou indivíduos a ponto de às vezes provocar uma verdadeira esquizofrenia cultural". Embora o Egito seja retratado como um exemplo de homogeneização cultural, nos moldes da Espanha medieval ou da Sicília sob o domínio dos normandos, Chauveau sugere uma "coexistência fundada em relativa e mútua ignorância, como dois universos paralelos desenvolvendo-se de forma quase autônoma, com poucos efeitos recíprocos" (*Egypt in the Age of Cleopatra*).

Um ponto em comum conectando gregos, romanos e egípcios é o que chamaríamos de superstição, mas precisamos nos lembrar de que civilizações anteriores acreditavam que o que hoje consideramos pensamento mágico tinha base científica. Oráculos, presságios, agouros e sonhos revelavam o futuro com uma clareza que os céticos (mais notoriamente Júlio César) ignoravam por sua conta e risco. Deuses exigiam sacrifícios para evitar desastres, para garantir clima favorável e para assegurar vitória militar.

A mistura de religiões funcionava nas duas direções: o culto a Ísis – deusa não só da colheita, mas também da fertilidade humana, da maternidade e do casamento – espalhou-se por todo o Império Romano. Ele se tornou uma das religiões mais vigorosas do império, popular entre mulheres e homens que idolatravam uma deusa que gerava colheita e lançava raios, a restauradora da vida que havia juntado os pedaços esquartejados de seu irmão e amante assassinado, Osíris, e o trazido de volta dos mortos. Um templo dedicado a Ísis destruído por um terremoto em 62 d.C., reconstruído e perdido novamente durante a erupção do Vesúvio, em 79, foi descoberto nas ruínas de Pompeia.

Pelo menos parte do poder político de Cleópatra resultava do fato de ela se identificar com Ísis e ser idolatrada como sua manifestação viva. Ela comparecia a eventos oficiais vestida como a deusa, usando uma coroa rodeada de najas. Nos primeiros séculos depois de Cristo, foram feitos esforços em todo o Império Romano para refrear o culto a Ísis e, por extensão, a adoração residual a Cleópatra como uma deusa menor.

A paixão egípcia por construir templos e monumentos foi passada adiante pelos grego-macedônios, sob o domínio dos quais o porto de Alexandria, com uma população do mundo todo, que incluía não só gregos e egípcios, mas também judeus, etíopes e líbios, tornou-se uma cidade com avenidas amplas, fontes e parques bem cuidados, com um famoso museu e a grande biblioteca que atraía estudiosos de terras distantes. Conduzida por uma sucessão de bibliotecários considerados pequenas celebridades na sociedade alexandrina, ela continha, diziam, milhares de rolos de papiros. Historiadores, antigos e modernos, tentaram calcular a extensão do acervo da biblioteca. Os primeiros Ptolomeus aparentemente eram tão obcecados a aumentá-lo que confiscavam todo livro que chegava em Alexandria, depositavam-no na biblioteca e criavam uma cópia para recompensar o dono original. No início do século III a.C., Zenódoto de Éfeso, seu primeiro bibliotecário, organizou os volumes em ordem alfabética e produziu novas edições da *Ilíada* e da *Odisseia*. Além de conter as obras dos autores gregos mais importantes, a biblioteca abrigava milhares de traduções gregas de textos egípcios, babilônios, persas, fenícios e hebraicos.

Outra famosa atração de Alexandria era seu farol, o Faros, uma das Sete Maravilhas do Mundo Antigo. O historiador e geógrafo grego Estrabão, que visitou Alexandria no final do século I a.C., descreveu o farol: com vários andares (talvez passando de 120 metros de altura), era feito de pedra branca, mármore ou calcário. No século seguinte, o satírico Luciano de Samósata imaginou estar no céu, olhando para a terra, e incapaz de reconhecer o planeta até ver o Colosso de Rodes e o Faros (*Icaromenippus*).

Estrabão também deixou um relato sobre as belezas do porto de Alexandria, os largos corredores de seu museu, os bancos e espaços comunitários para alimentação, as construções públicas e sagradas, entre elas a tumba de Alexandre, os tribunais de justiça e o estádio, o impressionante *Gymnasium*, um zoológico que abrigava uma série de animais exóticos e um monte rochoso, criado artificialmente, que podia ser escalado para uma vista panorâmica do porto.

O palácio que Cleópatra um dia habitaria era conhecido por seu tamanho e grandiosidade. Um terremoto e um tsunami acabaram submergindo toda a estrutura sob o mar, onde foi descoberto e escavado por arqueólogos franceses a partir de 1998. Em 2010, uma equipe de mergulhadores liderada pelo arqueólogo subaquático Franck Goddio exibiu algumas das descobertas que haviam sido recuperadas, entre elas uma gigantesca cabeça que, acredita-se, representa o filho de Cleópatra, Cesarião, assim como estátuas grandes e pequenas de governantes e divindades, moedas e objetos cotidianos.

Segundo Estrabão, um terço da cidade era dedicado à área ocupada pelos palácios, cujos ocupantes tinham um porto exclusivo para uso pessoal.

A história e a poesia deram a Cleópatra o símbolo supremo do luxo: o barco do prazer, de ouro maciço cravejado de joias, no qual ela navegou para encontrar Marco Antônio.

Talvez pelo fato de a ideia da grande biblioteca ainda dominar nossa consideração, talvez pelo encantamento de Estrabão com a cidade, a Alexandria de Cleópatra pareça um paraíso ptolomaico onde acadêmicos iam estudar e no qual cidadãos educados se misturavam a exímios editores que trabalhavam em textos novos e aprimorados de Homero. No entanto, também era um porto tumultuado, repleto de um grupo internacional de mulheres e homens ricos e pobres. Tinha uma taxa de criminalidade significativa e um clima politicamente volátil que podia fazer a população se amotinar, saindo das cercanias onde morava e se dirigindo aos portões do palácio. Esses problemas criariam mais um elemento instável com que Cleópatra teria que lidar enquanto tentava equilibrar pressões conflitantes e demandas de sua cidade, seu país e o Império Romano.

No filme de 1932, *Million Dollar Legs*, ambientado no país fictício de Klopstokia, todas as mulheres se chamam Angela e todos os homens se chamam George. Quando o soberano do reino, interpretado por W.C. Fields, é questionado sobre o motivo de os klopstokianos fazerem isso, ele responde: "Por que não?".

Provavelmente, os reis ptolomaicos tinham uma razão mais convincente para dar a todas as crianças do sexo masculino o nome de Ptolomeu e às do sexo feminino o nome de Cleópatra, Arsínoe ou Berenice. O resultado, porém, não facilitou as coisas para o historiador, que deve esmiuçar as raras sucessões pacíficas, as rivalidades e disputas familiares, os casamentos entre irmãos que levaram a conspiração, guerra civil e assassinato. O que ajuda, em parte, é o fato de muitos dos governantes terem recebido apelidos: Aquele que Ama sua Mãe, Aquele que Ama seu Pai, Aquele que Ama sua Irmã, Barrigudo, Grão-de-Bico e Bastardo.

Na primavera de 282 a.C., Ptolomeu I morreu e foi sucedido por seu filho, Ptolomeu II, que travou guerra contra os governantes da Síria e da

Núbia e expandiu as fronteiras do Império Egípcio, colonizando a costa do Mar Vermelho e liberando um canal entre o Nilo e o mar, um precursor do Canal de Suez. Sob sua liderança, o Egito se tornou uma potência naval significativa.

Ptolomeu II foi o primeiro dos líderes ptolomaicos a praticar o casamento entre irmãos. Embora, de início, considerado pelos gregos uma forma de incesto, o casamento entre irmãos acabou se mostrando uma forma conveniente de garantir a "pureza" da linhagem macedônia e evitar ambições conflitantes na corte. Ademais, isso reconciliou o status de certo modo alto das mulheres egípcias e a relativa submissão das mulheres na Grécia. Na prática, casamentos entre irmãos e irmãs costumavam ser desastrosos, causa de brutais assassinatos na família em quase todas as gerações.

Depois de repudiar sua esposa, Arsínoe I, que havia sido acusada de conspirar contra ele, Ptolomeu II, de acordo com Chauveau, "conseguiu dar um golpe publicitário a favor de sua dinastia ao se casar com a própria irmã, Arsínoe II, e ao tratar sua morte como uma apoteose oportuna. O culto à nova deusa Filadelfo tornou possível unir gregos e egípcios em um fervor lealista comum, garantindo, assim, a simpatia de longo prazo de seus súditos à sua linhagem" (*Egypt in the Age of Cleopatra*). O culto dedicado a Arsínoe viria a ser extremamente popular. Ptolomeu II também trabalhou para intensificar a devoção religiosa a Alexandre, o Grande, que foi glorificado com cerimônias patrocinadas de modo oficial. Ptolomeu também deificou seus pais e inúmeros outros parentes, estabeleceu um elaborado festival anual em homenagem a seu pai e ordenou a construção e restauração de templos por todo o Egito.

Em 246, Ptolomeu II foi sucedido por Ptolomeu III, filho da primeira esposa de seu pai. Ele foi o primeiro dos faraós ptolomaicos a ser ameaçado por – e a conter – uma revolta de egípcios cujas adversidades haviam sido ampliadas por uma desastrosa fome e pelos impostos cobrados para financiar as guerras externas que mais adiante expandiram o território do Egito. Além de ordenar a construção do Serapeu de Alexandria, Ptolomeu III deu seguimento à tradição, iniciada por seu pai e seu avô, de construir templos e encorajar o aprendizado e a literatura.

Os reinados de Ptolomeu II e Ptolomeu III foram indiscutivelmente os períodos mais estáveis e bem-sucedidos da dinastia. Novos projetos de irrigação foram iniciados, reformas agrícolas foram instauradas. Um sistema administrativo elaborado foi estabelecido para supervisionar a produção artesanal, a tributação e a renda gerada pela exportação rentável de grãos e papiro. O fim da ocupação persa e o advento da (relativa) paz e prosperidade haviam alimentado um renascimento cultural e o florescimento da cidade de Alexandria naquele centro de cultura.

Os anos – quase dois séculos, na realidade – de declínio se iniciaram com o filho e sucessor de Ptolomeu III, Ptolomeu IV, que, em parte, ficou famoso pela violência de seu regime, em particular o assassinato intrafamiliar, que arruinou quase todas as gerações seguintes da dinastia ptolomaica e que persistiria até (e incluiria) o reinado de Cleópatra.

A ladainha de horrores familiares na dinastia ptolomaica é tão longa, complexa e terrível que historiadores e biógrafos adotaram com frequência um tom quase comicamente neutro ao discorrer sobre os crimes. Eis o que escreveu Stacy Schiff a respeito da ancestralidade de Cleópatra:

> No fim do século III [Ptolomeu IV] assassinou seu tio, sua mãe e seu irmão. Cortesãos o pouparam de envenenar a esposa, pois eles mesmos o fizeram, assim que ela gerou um herdeiro. Repetidas vezes, mães enviaram soldados contra os filhos. Irmãs travaram guerra com irmãos. A bisavó de Cleópatra declarou guerra civil contra seus pais e uma segunda contra seus filhos... A mãe de Berenice II pegou emprestado o marido estrangeiro da filha, e, por esse acúmulo de funções, Berenice ordenou o assassinato dele... Cleópatra III... era ao mesmo tempo esposa e sobrinha de Ptolomeu VIII. Ele a estuprara quando era adolescente, época em que estava simultaneamente casado com a mãe dela. Os dois brigaram. Ptolomeu matou e esquartejou o filho deles, de 14 anos, e entregou um baú repleto de membros mutilados nos portões do palácio no dia do aniversário dela.

É claro, o costume de assassinar parentes próximos não era exclusivo do Egito ptolomaico. Ele persistiu na Europa pelo menos durante o Período Elizabetano e ainda é praticado em locais em que ditaduras e monarquias fortes incitam e recompensam transferências de poder por homicídio. Isso nos faz repensar nossas noções de família e como tratamos aqueles próximos a nós e nos lembra de como é insensato presumir que podemos compreender os pensamentos, emoções e instintos daqueles que viveram em outra época – seres humanos com visões de mundo tão diferentes que até instituições tão básicas (pode-se pensar) como a família têm pouco em comum de uma época a outra, à exceção das questões de sangue e nascimento.

A violência familiar parece ter sido prevalente não só no palácio real. Quando Diodoro Sículo, historiador grego que viveu mais ou menos na época de Júlio César e morreu no mesmo ano de Cleópatra, escreve sobre as leis dos egípcios, não fica totalmente claro de que sistema jurídico está falando, já que as leis variavam de cidade para país, de região para região. Ainda surpreendente é a passagem sugerindo que a violência familiar não se restringia a reis e rainhas, embora faraós estivessem isentos das leis duras e peculiares que ele descreve:

> No caso de pais que tivessem matado os filhos... os criminosos teriam que segurar o corpo morto nos braços por três dias e noites seguidos, sob a vigilância de um guarda do Estado, pois não era considerado justo tirar a vida daqueles que tinham dado vida a seus filhos... Mas para filhos que tivessem matado os pais era reservada uma punição incomparável; era exigido que aqueles que fossem considerados culpados tivessem fragmentos de carne do tamanho de um dedo cortados do corpo com pedaços de junco afiados e depois fossem colocados sobre uma cama de espinhos e queimados vivos, pois considerava-se que tirar por meio de violência a vida daqueles que lhe haviam dado a vida era o maior crime possível a um homem. (Livro I.)

No entanto, além de providenciar que seu irmão fosse escaldado durante o banho e sua mãe fosse assassinada, Ptolomeu IV foi obrigado a conter outra rebelião.

Mais uma vez, o opressivo sistema de tributação e as desigualdades de poder e posse de terras haviam suscitado oposição ao faraó, e o exército que tinha sido erguido para combater a Síria se voltou contra os Ptolomeus. Os rebeldes nativos conquistaram o apoio da classe sacerdotal. O faraó perdeu o controle do Alto Egito, tanto que quando de sua morte o sul do país se apartou do restante.

O país permaneceu dividido até Ptolomeu v ascender ao trono, em 205 a.C., e reconquistar Tebas e o delta do Nilo. Durante esses anos, o Egito perdeu uma grande porção de território para os vizinhos próximos. As despesas e distrações de travar guerras estrangeiras e conter revoltas internas impediram que o faraó desse continuidade aos ambiciosos projetos de construção que os Ptolomeus anteriores haviam iniciado. Dizem que o declínio do império e a fraqueza resultante que criaria dificuldades políticas – *vis-à-vis* Roma – para Cleópatra começaram durante esse período. Com o tempo, Ptolomeu v conseguiu intermediar paz com a Síria ao se casar com a filha de Antíoco III, governante macedônio da Síria, descendente de outro general de Alexandre.

Essa filha seria coroada Cleópatra I, nomeada em homenagem à irmã de Alexandre. Quando ela herdou o trono, em 180, depois da morte de seu marido, em teoria estava servindo de regente para seu filho mais novo, mas, de fato, era a única governante do país e estabeleceu os direitos e privilégios que tanto afetaram a vida das mulheres egípcias, que com frequência tinham boa educação, podiam se casar, divorciar e viajar à vontade e também tinham autonomia para herdar propriedade no próprio nome e participar de trâmites legais.

Com 6 anos à ocasião da morte do pai, Ptolomeu VI governou sob a regência de sua mãe e em conjunto com a irmã e o irmão Ptolomeu VII, que mais tarde ele expulsou do país. As guerras na Síria recomeçaram; Ptolomeu VI foi exilado por outro irmão, Ptolomeu VIII, e enviado para viver no Chipre, de onde retornou depois de um tempo para retomar o reino.

Depois que Ptolomeu VI morreu combatendo na Síria, Ptolomeu VIII, apelidado Fiscon, ou "Barrigudo", assumiu o controle do país e cimentou com Roma relações mais fortes do que seus predecessores, chegando a ser declarado "amigo e aliado do povo romano" – e assim colocando em risco a soberania do Egito. Ptolomeu promoveu a expurgação daqueles que haviam apoiado seu irmão mais novo e, supostamente, um massacre em que alexandrinos inocentes foram mortos, ao que parece, de forma aleatória. Entre os assassinados estavam inúmeros intelectuais. Outros estudiosos e literatos foram exilados e a intendência da biblioteca foi confiada a um dos companheiros militares do faraó – contribuindo assim para o declínio da cultura alexandrina.

Quando Barrigudo morreu, em 116, seu filho, Ptolomeu IX – "Grão-de-Bico" – governou o país com sua mãe e avó. Depois que sua mãe alegou que ele havia tentado mandar matá-la e nomeado seu irmão mais novo, Ptolomeu X, como governante, Ptolomeu IX fugiu para o Chipre, de onde voltou depois de um tempo e reivindicou o trono egípcio.

Durante seu reinado, Ptolomeu X fez muitas dívidas com os financistas romanos. Em seu testamento, como garantia de um empréstimo que lhe permitiu derrotar um exército rebelde, ele deixava o reino para Roma caso morresse sem um herdeiro do sexo masculino. O gesto imprudente viria a ter consequências duradouras. Embora Roma nunca tenha tentado diretamente impor o cumprimento das disposições do testamento, o documento enfatizou a vulnerabilidade do Egito e sua dependência financeira de Roma. A visão romana do Egito como fonte de riqueza extraível ficaria mais presente e as cobranças de tributos, mais exigentes. Essa situação seria muito exacerbada durante o reinado do pai de Cleópatra, Ptolomeu XII.

Em 80 a.C., o ditador romano Lúcio Cornélio Sula nomeou Ptolomeu XI para o trono egípcio depois de insistir que o novo soberano se casasse com sua madrasta, muito mais velha que ele. Quando o rei egípcio concordou, e depois logo matou a noiva, ele foi morto pelo povo de Alexandria, que preferia a esposa que ele havia executado.

O seguinte na linha de sucessão era o irmão do faraó, Ptolomeu do Chipre, que cometeu suicídio para não entregar o Chipre a Roma, pois sabia que isso lhe seria exigido. Essa morte assumiria um significado mítico para os Ptolomeus restantes, e quando, mais tarde, Marco Antônio incluiu o Chipre entre seus presentes para Cleópatra, isso teria sido considerado uma restituição de terras que eram dela por direito – assim como a correção de uma injustiça cometida contra sua família.

Depois da morte de Ptolomeu do Chipre, o pai de Cleópatra, Ptolomeu XII, foi chamado de volta ao Egito. Embora fosse filho ilegítimo de Ptolomeu IX com uma concubina, ele era o único herdeiro dinástico remotamente adequado e, dessa forma, a única esperança de manter Roma afastada. Ele logo foi nomeado rei. Em parte, isso foi feito com a ideia de dissuadir Sula, que estava de olho no Egito. Essa ameaça chegou ainda mais perto de se concretizar depois que Sula morreu e foi substituído por Pompeu, o general romano que anexou a Judeia, levando a fronteira do império até a do Egito.

Ptolomeu XII foi apelidado de Bastardo (uma referência ao fato de ser filho ilegítimo) e Aulete, o Tocador de Flauta, um título sarcástico derivado de uma piada frequente sobre suas habilidades de liderança: dizia-se que ele preferia tocar flauta a governar o Egito. Novo Dionísio foi o nome que Ptolomeu XII escolheu para si mesmo: o nome de um deus grego, um amante de prazer e vinho. Diz-se que Aulete promovia celebrações orgiásticas no palácio real, banquetes envolvendo música, bebedeira e dança.

O culto a Dionísio era popular havia tempos em Roma e uma estátua do deus decorava o palacete de César na margem oeste do Tibre – uma casa onde Cleópatra mais tarde seria recebida como convidada de César. No Egito, Dionísio passara a ser cada vez mais identificado com Osíris, deus da fertilidade, dos mortos e da ressurreição. Dionísio também é como as pessoas viriam a se referir a Marco Antônio mais adiante. Quando Cleópatra chegou em sua barca dourada para o encontro fatídico, Plutarco escreve, "espalhou-se um rumor de que Afrodite havia chegado para se divertir com Dionísio pelo bem da Ásia". O comportamento libertino de Marco Antônio, contudo, também lembrava Plutarco das duas faces do deus: "Dionísio, Aquele que Traz Alegria e o Gentil. E de fato era assim para alguns, mas para muitos mais ele era o Comedor de Carne Crua e o Selvagem". É de se perguntar o que Dionísio Aulete pretendia ao adotar o nome, o deus feliz ou o deus selvagem – ou se estava se referindo a ambos.

Durante o reinado de Aulete, ele basicamente hipotecou a economia egípcia em troca de garantir influência e apoio de Roma. Quando morreu, ele devia 17,5 milhões de dracmas: custo dos banquetes opulentos que havia promovido em busca do apoio de Roma e dos presentes generosos ao extremo que dera a seus aliados, entre eles a coroa de ouro que ofereceu a Pompeu. Em um dos banquetes de Aulete, cada um dos mil convidados recebeu uma taça de ouro nova a cada prato servido e foi encorajado a levá-la para casa.

Em 59, Pompeu, César e Crasso – que juntos formavam o Primeiro Triunvirato – concordaram em apoiar o rei egípcio em troca de que Ptolomeu XII pagasse uma tarifa, uma quantia que o historiador Michael Grant estimou ser equivalente à metade da arrecadação do Egito em seis meses ou possivelmente um ano.

Apesar da despesa extraordinária, o acordo representou certo salvamento e um alívio, já que Pompeu e César estavam de olho na anexação do Egito com uma avidez cada vez maior. Ainda assim, e como era de se esperar, os egípcios não ficaram nada felizes com a dívida nem com os tributos estabelecidos para pagá-la.

Tributos sempre foram um assunto tempestuoso para aqueles que os pagam, e no Egito ptolomaico períodos de agitação com frequência se iniciavam como uma expressão de fúria em razão dos impostos excessivos. A ideia de ser tributado em quantias exorbitantes para pagar pelas taças de ouro que o faraó havia dado a seus convidados romanos foi a gota-d'água. O fardo das cobranças injustas, a instabilidade financeira e o visível descuido da liderança de Aulete inspiraram novos motins. Ptolomeu fugiu da efervescência em Alexandria e se refugiou em Roma. Foi sugerido que Cleópatra, aos 9 ou 10 anos, acompanhasse o pai nessa viagem, que seria sua primeira ida a Roma.

A longa ausência de Aulete e sua estada no luxuoso palacete de Pompeu nas Colinas Albanas não foram o suficiente para amenizar a fúria e a inquietação em Alexandria. Quando um grupo de mais de cem emissários foi do Egito para Roma para informar o faraó sobre o descontentamento de seu país e o desejo do povo de que ele ficasse em exílio permanente e deixasse o Egito para sua filha, Berenice IV (irmã mais velha de Cleópatra), Ptolomeu mandou matar o líder dos emissários e vários mensageiros.

A aliança entre romanos e egípcios também não era popular em Roma. Uma série de maus agouros – como um raio que acertou uma estátua de Júpiter nas Colinas Albanas, aparentemente perto do palacete de Pompeu – foi interpretada como alertas sobre os perigos e dificuldades que surgiriam se Roma continuasse apoiando o rei egípcio. Pompeu deveria ter levado esses presságios mais a sério, já que a aliança com o Egito causaria sua morte. Os romanos expressaram reprovação por meio de tumultos nas ruas, da mesma forma que sua contraparte se amotinava no Egito. A aliança romano-egípcia pareceu ter sido popular principalmente entre aqueles grupos que pretendiam lucrar ou arquitetar uma mudança no regime.

Na ausência de Aulete, o vácuo de poder inspirou Berenice a se autocoroar rainha do Egito em 56. Quando foi arranjado um marido para a rainha, ela mandou estrangulá-lo dias depois do casamento. Sua rebelião agora significava que Aulete seria forçado a acrescentar à sua dívida existente o custo astronômico de transportar e manter o exército mercenário que o ajudaria a retomar o trono.

Liderando a campanha de Aulete contra Berenice estava Aulo Gabínio, um general romano aliado de Pompeu. Com a ajuda de Gabínio e de seu feroz e incontrolável exército – os *Gabiniani*, muitos dos quais tinham ascendência germânica e gaulesa –, Ptolomeu XII retornou ao Egito, executou Berenice e retomou o trono em 55 a.C.

Capítulo 2
Uma transferência de poder

Nos meses que sucederam a eleição dos Estados Unidos em 2020, o mundo tomou consciência da importância de uma transferência de poder pacífica: como com o máximo de eficiência e o mínimo de desordem um líder sucede o outro. É um ritual, uma necessidade, um fim e um início. No mais alto nível, a mudança mais sistemática é um pequeno cataclismo.

Uma transição ilusoriamente calma aconteceu em 51 a.C., quando Ptolomeu XII morreu de causas naturais. Há certa confusão a respeito da data precisa da morte de Aulete. Parece ter sido um daqueles enredos, como o do brilhante filme *Kagemusha: a sombra do samurai*, de Akira Kurosawa, em que a corte se reúne em segredo para elaborar um plano de ação antes de as pessoas serem informadas de que o líder do clã está morto.

A morte tranquila do Tocador de Flauta foi uma ocorrência rara na história da dinastia ptolomaica, cujos líderes vinham estrangulando, envenenando e mutilando uns aos outros nos trezentos anos anteriores. Quatro anos antes, Aulete havia garantido uma morte relativamente tranquila ao executar sua filha Berenice, eliminando assim sua principal rival pelo controle do país.

As dívidas exorbitantes em que Aulete tinha se afundado, a dependência cada vez maior de Roma por parte do Egito, a abundante corrupção entre os administradores egípcios e a classe sacerdotal e a resultante instabilidade econômica e política faziam parte do legado herdado por sua segunda filha, Cleópatra VII, que tinha 18 anos quando o pai morreu.

Pouco se sabe sobre os anos que precederam a coroação de Cleópatra, mas em sua biografia de 2010, *Cleópatra: uma biografia*, Stacy Schiff fornece um esboço persuasivo da infância da rainha: uma ama de leite, jogos no palácio, viagens a Mênfis para festivais religiosos, uma rigorosa educação plurilíngue, uma familiaridade fácil com as obras de Homero e com a gloriosa Biblioteca de Alexandria.

A imprecisão de nosso conhecimento sobre os primeiros anos da rainha é agravada pela incerteza sobre a identidade de sua mãe. O historiador Duane W. Roller sugeriu que a mãe de Cleópatra era parte macedônia, assim como membro da família sacerdotal de Ptah, o que significava que Cleópatra era três quartos macedônia e um quarto egípcia. Outro biógrafo, Michael Grant, oferece um argumento convincente de que ela era filha de Cleópatra V Trifena, irmã e esposa do pai de Cleópatra, Ptolomeu XII Aulete.

Sabemos que Ptolomeu XII Aulete era pai de "nossa" Cleópatra, porém há quem defenda que Cleópatra Trifena teria morrido um ano antes do nascimento de Cleópatra VII, e que Cleópatra Trifena não seria sua mãe, mas sua irmã, e Cleópatra VII seria filha da segunda esposa de Ptolomeu XII. As complexidades dessa rede intrincada e confusa levantam a questão igualmente complicada de quantos irmãos Cleópatra tinha. Temos razões para acreditar que Ptolomeu XII tinha cinco filhos, três mulheres e dois homens: Berenice IV, Cleópatra VII, Arsínoe IV, Ptolomeu XIII e Ptolomeu XIV. No entanto, alguns têm argumentos a favor da existência de uma irmã mais velha, uma Cleópatra anterior.

Pelos termos do testamento de seu pai e de acordo com a tradição dinástica, ela tinha a obrigação de comandar o país com um consorte do sexo masculino. A escolha óbvia foi seu irmão mais novo, Ptolomeu XIII, que se tornou seu marido e, na época de sua ascensão ao trono, tinha 10 anos. Um ano antes de sua morte, Aulete, extremamente ciente do significado de nomes e apelidos, uma vez que ele próprio teve vários, conferiu novos títulos a seus herdeiros: "novos deuses" e "irmãos amorosos". Era verdade que os governantes ptolomaicos eram idolatrados como divindades vivas, mas, como muitos de seus antepassados ptolomaicos, os irmãos-esposos estavam longe de ser amorosos, como o mundo estava prestes a descobrir.

O problema de Cleópatra não era seu irmão de 10 anos, mas os conselheiros dele, entre os quais estava Potino, um eunuco da corte encarregado dos fundos do faraó e que tinha trabalhado para incitar os egípcios contra Cleópatra. De acordo com o historiador romano Dião Cássio, o medo que Potino tinha de que seus delitos fossem descobertos o inspirou a mandar chamar Áquila, um general militar "que no momento ainda estava perto de Pelúsio e, ao intimidá-lo e ao mesmo tempo inspirá-lo com esperanças, tornou-o seu aliado". O terceiro e menos poderoso dos conselheiros de Ptolomeu foi Teódoto de Quios, um professor de Retórica que era o tutor do menino. "Para todos eles, parecia uma vergonha ser governado por uma mulher" (livro 42). Juntos, esse trio improvável conspirou contra uma jovem que mais tarde se revelaria mais esperta e engenhosa do que eles.

De qualquer modo, 51 a.C. não foi o momento mais auspicioso para uma adolescente e uma criança serem coroadas rainha e rei. O futuro do Egito parecia precário e instável. Os romanos debatiam havia tempos sobre anexar o país, mas até então os líderes haviam percebido que era mais prático explorar as riquezas da nação sem provocar sua população esporadicamente revoltosa. Em 65, Marco Licínio Crasso havia sugerido que o senado romano pusesse fim à independência do Egito, uma proposta que foi rejeitada pelos senadores, que é provável que tenham se dado conta de que poderiam explorar os recursos naturais do Egito e ao mesmo tempo extorquir fortunas de seus líderes sitiados e desesperados.

O apetite de Roma pelo Egito não era tão simples quanto o de um agressor imperialista ameaçando invadir e desmontar uma civilização antiga e intacta. Deve ter parecido dessa forma para os Ptolomeus grego-macedônios depois de governarem o Egito por três séculos, mas eles também eram descendentes de invasores. A ameaça que vinha de Roma era um caso em que líderes de um império estavam tramando para substituir outro, uma potência mundial mais jovem e ávida contra o que restava de uma mais antiga.

Por volta de 51, o Egito já havia perdido a posse da Síria, da Palestina, de Creta, do Chipre e das ilhas gregas menores. Nesse ínterim, sua estabilidade interna tinha sido arruinada por uma série de rebeliões incitadas pela fome recorrente, por administradores corruptos e pelo ressurgimento periódico de tensões étnicas e culturais entre a população nativa e seus governantes macedônios. A moeda egípcia havia se desvalorizado e estava em queda livre. A taxa de tributação era insustentável e os impostos exorbitantes muitas vezes eram extorquidos à força. A terra que os camponeses cultivavam era de propriedade do faraó, que compartilhava parte dos lucros com amigos ricos e sacerdotes poderosos dos templos.

Os *Gabiniani* – vários milhares de soldados importados por Aulete para lutar contra Berenice – tinham permanecido no Egito e se corrompido, formando gangues criminosas, estuprando mulheres, roubando, aterrorizando o país. A população de Alexandria, onde vivia a família real, tinha se tornado agitada e instável, e os motins periódicos haviam ficado mais violentos e frequentes.

Enquanto isso, a entidade mais poderosa para a terra – o rio Nilo, cuja enchente anual ficava no centro da vida espiritual do país e era fundamental para a sobrevivência econômica da terra que Heródoto chamou de "o presente do Nilo" – parecia estar trabalhando contra a jovem rainha e seu irmão mais novo.

Em 51 e 50, as enchentes foram decepcionantes, com consequências apavorantes.

Seca e fome eram ameaças constantes e mais do que frequentes na história egípcia. Os sete anos de fome no Egito que figuram de maneira expressiva na Bíblia hebraica têm contrapartes em mitos em todo o Oriente Médio.

A Estela da Fome, inscrições gravadas em um enorme bloco de granito durante, pensa-se, o reinado de Ptolomeu VI, conta a história da fome que durou sete anos e terminou quando um rei rezou para o deus que controlava as enchentes do Nilo. A última parte da inscrição descreve as somas e os sacrifícios que o povo devia ao templo em troca da intervenção do deus: toda a colheita dos agricultores foi para o celeiro do templo. Os pescadores e caçadores tiveram que ceder um décimo de tudo o que capturaram e todos deviam aos sacerdotes 10% de seu ouro, joias, madeira, ocre – qualquer coisa que tivessem. O dízimo e a extorsão em massa duraram até o reinado de Cleópatra. Ela relutou em mudar isso, pois perderia assim uma grande fonte de receita, além de alienar os poderosos sacerdotes.

Os anos que cercaram a sucessão de Cleópatra foram, portanto, pobres e conturbados. Além dos impostos, a colheita de trigo foi fraca. A fome alastrada provocou, direta ou indiretamente, a peste, e a falta de alimentos levou pessoas famintas do campo para as já lotadas cidades. Vilarejos rurais foram abandonados e os sacerdotes, deixados para trás, ficaram preocupados com a segurança de seus templos. A taxa de criminalidade subiu com os preços e havia uma sensação generalizada de destruição e caos.

Ao ascender ao trono, Cleópatra fez tudo o que pôde para atenuar a crise imediata. Alguns de seus primeiros gestos como rainha foram predominantemente simbólicos, mas ainda assim significativos.

Durante seu reinado, ela demonstrou sua lealdade aos deuses e deusas egípcios, a Ísis e às divindades animais, os seres com cabeça de falcão e gato que ocupavam posições proeminentes no panteão egípcio. Logo depois de sua coroação, ela viajou cerca de 650 quilômetros Nilo acima até o templo de Amon, no Alto Egito, para assumir um papel visível no estabelecimento do touro Buquis, sagrado para o deus Montu. Os egípcios idolatravam touros – símbolos de poder e fertilidade – desde os primórdios da Antiguidade. O touro

Ápis, de Mênfis, um touro preto com manchas brancas, estava entre os mais importantes deuses egípcios. Heródoto registra o assassinato (talvez apócrifo) do touro Ápis pelo rei persa Cambises, que conquistou o Egito em 525 a.C. O deus Serápis, cuja idolatria foi promovida pelos Ptolomeus, incorporava aspectos dessa divindade bovina. Buquis de Hermontis, porém, considerado um receptáculo para a alma de Amon-Rá, também era amplamente venerado.

De forma conveniente para Cleópatra, o touro Buquis morreu mais ou menos na época em que ela tomou o poder, e quando um novo touro foi estabelecido, em 22 de março de 51, Cleópatra achou que seria inteligente comparecer à cerimônia. O acontecimento foi retratado nas Estelas do Buqueu, em uma inscrição que descreve a rainha participando da procissão no rio e transportando o recém-consagrado (ou prestes a ser consagrado) touro em sua barca real.

Do instante em que assumiu o trono, todas as ações e decisões de Cleópatra envolveriam conjecturas: pesando a influência dos sacerdotes venerados pelas mesmas pessoas que oprimiam, depois calculando até que ponto cada religião poderia assegurar e ampliar seu poder. Apesar de não sabermos nada sobre sua vida espiritual, ela claramente entendia a importância de demonstrar sua lealdade à religião, que continuava sendo uma força poderosa na cultura egípcia.

Ela tomou para si o desafio de estabilizar a moeda, ajustar os impostos, esquivar-se dos credores de seu pai e neutralizar tensões com Roma. Ela cometeu erros no processo, entre eles exigir que o trigo produzido no campo fosse requisitado e enviado para Alexandria, uma decisão que, como era de se esperar, foi popular na cidade, porém profundamente detestada no campo.

Enquanto isso, ela se encarregou de conter os *Gabiniani*, que não só estavam provocando estragos no Egito, mas também haviam cometido um duplo homicídio que, sem a intervenção da recém-coroada rainha, poderia ter se transformado em um prejudicial incidente internacional.

Quando Marco Calpúrnio Bíbulo, procônsul romano na Síria, enviou seus dois filhos ao Egito para, ao que tudo indica, pedir ajuda dos

Gabiniani em sua guerra contra os partas, os filhos foram torturados e mortos. Acredita-se que os assassinatos foram realizados com a aprovação dos conselheiros do jovem Ptolomeu XIII, Áquila e, mais notavelmente, Potino, que, a essa altura, era considerado o verdadeiro poder por trás do trono. Os cortesãos egípcios estavam relutantes em perder os serviços do exército particular e os próprios *Gabiniani* pareciam não estar muito dispostos a trocar a liberdade descontrolada de que estavam desfrutando pelo serviço militar subordinado ao governo romano.

Ao ordenar que os assassinos fossem enviados à Síria acorrentados, Cleópatra estava tentando não só solidificar sua conexão com Roma, mas também censurar os assessores ambiciosos e ameaçadores de seu irmão. De maneira inesperada e não totalmente racional, Bíbulo mandou os prisioneiros de volta, alegando que seria melhor deixar o direito de puni-los a cargo do senado romano. Isso aconteceu apesar de os assassinatos terem acontecido no Egito e os *Gabiniani* terem, mais ou menos, cortado os laços com Roma e estarem obedecendo a ordens dos conselheiros do jovem faraó.

Foi necessária uma grande ousadia de Cleópatra para desafiar os *Gabiniani*, e sua coragem deixou claro que ela pretendia governar o país com força e determinação. Isso também estabeleceu um padrão para as formas com que ela tentaria lidar com Roma – mais efetivas e bem-sucedidas do que as utilizadas por seu pai.

O foco de Cleópatra nos assuntos nacionais, em acentuado contraste com a suposta preferência de seu pai pela flauta, ajudou a construir sua popularidade com pelo menos parte da população. Esse apoio se provaria inestimável quando as relações entre a rainha e seu irmão mais novo pioraram ainda mais no decorrer dos três anos seguintes, de forma gradual e mais drasticamente depois que Cleópatra emitiu um documento nomeando a si mesma a única governante do Egito. Havia rumores de que ela tramara desde o início matar Ptolomeu XIII e substituí-lo pelo irmão mais novo, Ptolomeu XIV. No entanto, como muitas teorias sobre Cleópatra, não existem evidências que comprovem isso.

Durante sete anos, Roma foi governada por Júlio César, Pompeu e Crasso, unidos em uma aliança intermitentemente tensa. Em 53, Crasso morreu combatendo os partas. O ano seguinte testemunhou a morte de Julia, filha de César e esposa de Pompeu. Tais acontecimentos ampliaram a crescente divisão entre César e Pompeu, os dois membros remanescentes do Triunvirato. Em 49, uma guerra civil irrompeu entre as forças de César e as de Pompeu. O filho de Pompeu, Cneu Pompeu, viajou ao Egito para garantir auxílio militar e financeiro. A essa altura, Cleópatra e seu irmão governavam em conjunto. Depois que Cneu Pompeu os lembrou da proximidade entre seu pai e o pai deles – da lealdade com que Pompeu havia apoiado Aulete –, eles concordaram em enviar para Pompeu sessenta navios, quinhentos soldados gabinianos e um amplo suprimento de grãos. Essas medidas, em um momento em que o Egito estava com dificuldades para alimentar a própria população, decerto não melhoraram a imagem dos monarcas perante seus súditos.

Por volta dessa época, Cleópatra deixou Alexandria; não ficou claro se ela foi expulsa por seu irmão (e os conselheiros dele) ou se sabiamente decidiu partir para montar um exército para o conflito entre eles, que a essa altura devia parecer inevitável. De acordo com Lucano, Pompeu havia tomado partido de Ptolomeu XIII e nomeado o jovem rei como único governante do Egito.

Junto de sua irmã mais nova, Arsínoe IV, Cleópatra viajou primeiro para o Alto Egito, próximo a Tebas, e depois para a Síria, para se preparar para o conflito em ascensão com as forças, lideradas pelo general Áquila, que brigavam para estabelecer seu irmão mais novo como único monarca.

Em 49, Pompeu foi derrotado na Batalha de Fársalos. Ao lembrar da amizade e do auxílio que Ptolomeu XIII e Cleópatra lhe haviam dado e esperando encontrar refúgio e reforços militares, Pompeu fugiu pelo Mediterrâneo para o Egito. No entanto, os conselheiros do jovem faraó estavam relutantes em se envolver em uma guerra romana – e sobretudo resistentes em tomar partido do ex-aliado, que quase certamente seria o perdedor.

Ao escrever no início do século III d.C., o historiador romano Dião Cássio fornece um relato detalhado e um tanto quanto bonito do assassinato de Pompeu em Pelúsio, em 48 a.C., quando Ptolomeu XIII – na época, com apenas 13 anos – estava no meio de sua guerra com Cleópatra:

> Chegando com os navios para ancorar, ele enviou alguns homens para lembrarem o príncipe do favor feito a seu pai e perguntar se ele permitiria que eles aportassem com algumas garantias específicas; pois não arriscaria desembarcar antes de obter alguma garantia de segurança. Ptolomeu não deu resposta, ele não passava de um menino, mas alguns dos egípcios… chegaram se fazendo de amigos; porém, tramaram impiedosamente contra ele… Depois de muitas saudações cordiais, suplicaram que ele passasse aos barcos deles, declarando que devido ao tamanho e às águas rasas um navio não poderia se aproximar da terra, e que Ptolomeu estava ansioso para vê-lo de imediato.

Embora o tamanho do barco enviado para recebê-lo indicasse um mau sinal, e por mais que os homens de Pompeu tivessem tentado dissuadi-lo de embarcar, ele confiou nos egípcios e foi morto a bordo do esquife, esfaqueado por trás enquanto estendia a mão para pedir ajuda no desembarque. Dizem que o jovem Ptolomeu XIII ficou ao lado e observou, usando uma túnica roxa.

> [Pompeu] não disse uma palavra nem reclamou, mas cobriu o rosto assim que percebeu a trama e reconheceu que não seria capaz de evitá-los nem escapar… Embora já tivesse sido, como dizem, "senhor de mil navios", foi destruído em um pequeno barco perto do Egito e, de certo modo, por Ptolomeu, cujo pai ele havia restituído do exílio para aquela terra e para seu reino.

Depois do assassinato, os homens de Ptolomeu decapitaram Pompeu e jogaram seu cadáver nu na água, onde permaneceu até que um de seus homens o recuperou e lhe deu um funeral romano, cremando-o em uma pira modesta feita com a madeira de um barco de pesca destruído.

Se Ptolomeu XIII e seus conselheiros acreditavam que matar Pompeu era uma forma de conquistar a gratidão de César, estavam seriamente enganados. Pouco tempo depois, César seguiu Pompeu até o Egito, onde, segundo Plutarco, lamentou a morte do amigo, aliado e genro. "Para o homem que lhe trouxe a cabeça de Pompeu, ele deu as costas como faria com um assassino; e quando recebeu o anel de sinete de Pompeu, no qual havia a imagem gravada de um leão segurando uma espada, irrompeu em lágrimas."

É possível imaginar facilmente o desalento e horror do rei de 13 anos, que havia testemunhado o assassinato. O erro de julgamento de seus conselheiros não só lhe custou a boa vontade de César, mas também mais tarde lhe renderia um lugar especial no inferno de Dante, um círculo reservado para os culpados das traições mais perversas – um local onde Ptolomeu passaria a eternidade na companhia de Judas Iscariotes e Caim. Dião Cássio nos diz que os assassinos de Pompeu "jogaram uma maldição sobre si mesmos e todo o Egito" (livro 42).

Depois de perdoar os homens que haviam se aliado a Pompeu e que os próprios soldados tinham prendido, César se alojou em um palacete nas terras do palácio real egípcio. Do lado de fora dos portões, em Alexandria, a briga havia irrompido novamente. Cleópatra e Ptolomeu XIII ainda estavam batalhando pelo controle do país e Áquila ordenou que seus soldados ocupassem Alexandria. César tentou acalmar a nação beligerante intermediando um acordo de paz entre Cleópatra e seu irmão.

Esse processo foi ainda mais difícil – e mais perigoso – pela interferência do regente do jovem rei, o eunuco Potino, que, alguns diziam, estava planejando assassinar César da mesma forma que havia matado Pompeu. Ele gostava de lembrar César e seus homens da fortuna que Aulete tinha pedido emprestado para Roma, da dívida que fora herdada por Ptolomeu XIII e do fato de o Egito ainda dever a Roma e ainda estar demorando para pagar.

Plutarco nos diz que o barbeiro de César – "um rapaz extremamente tímido, que não deixava nada pendente de investigação, mas gostava de bisbilhotar e se intrometer" – havia escutado Potino falando sobre a trama para matar César. Até mesmo no século I a.C., parece que as pessoas sempre tiveram a tendência de falar um pouco demais durante o corte de cabelo.

Capítulo 3
César e Cleópatra

A história do encontro inicial de Cleópatra com Júlio César está entre as anedotas divertidas e dramáticas que Plutarco foi incapaz de resistir a incluir em sua biografia sobre o líder romano – uma consideração bem-sucedida, evidenciada pelo fato de que, sendo ou não verdadeira, tornou-se um dos incidentes mais conhecidos da vida de Cleópatra.

Plutarco descreve como, com apenas um acompanhante – Apolodoro, o Siciliano –, Cleópatra saiu em um pequeno barco ao anoitecer e foi até o palácio em Alexandria, onde César estava alojado.

> Sendo impossível passar despercebida, ela se deitou dentro de um saco feito com lençóis, que Apolodoro amarrou com um cordão e carregou para dentro, até César. Dizem que essa perspicácia de Cleópatra foi a primeira coisa que cativou César, pois ela se revelou encantadora, e ele ficou tão impressionado com sua

graciosidade e sua companhia que a reconciliou com o irmão, Ptolomeu, com a condição de que ela governasse o reino ao seu lado.

Em razão de uma tradução equivocada, o "saco feito com lençóis" com o tempo foi transformado em um tapete, talvez uma expressão mais incisiva do orientalismo com que Cleópatra era vista. Na pintura *Cleópatra e César* (1866), de Jean-Léon Gérôme, a rainha acabou de sair do que é inequivocamente um sofisticado tapete persa. Ela posa com languidez, com um braço apoiado nas costas desnudas do homem que provavelmente acabou de libertá-la do tapete. Seu traje transparente é cortado para expor seus seios e drapeado de maneira graciosa sob o ventre; as pernas estão visíveis por baixo do tecido fino e seu olhar atravessa o quarto escurecido, na direção de César, surpreso, como seria de se esperar.

A história do encontro de Cleópatra com César não é tão implausível. A rainha era jovem, com certeza ousada, talvez ávida por impressionar o romano mais velho, para encantá-lo e fasciná-lo. A crueldade do séquito de seu irmão e os perigos apresentados pelos motins e pela contínua guerra civil podem tê-la deixado ávida por chegar a Alexandria e entrar nos aposentos de César sob a cobertura da escuridão, passando pelos soldados de seu irmão sem ser vista. Sua nação e sua vida estavam em jogo, então ela pode muito bem ter sentido que medidas extremas e discrição total seriam necessárias.

Em um ensaio desmontando vários dos mitos mais populares sobre o relacionamento de Cleópatra com César, Erich S. Gruen nota que a história dos lençóis/tapete aparece apenas em Plutarco, mas em nenhuma fonte clássica. Ele considera o que sabemos – que César solicitou que os dois irmãos se apresentassem diante dele – e fornece uma série de observações sensatas e persuasivas:

> Então Cleópatra, se é que foi mesmo até lá, àquela altura não precisava chegar às escondidas, enrolada em lençóis. Na realidade, a ideia de que Cleópatra,

> reclamante daquele orgulhoso e imponente reino, herdeira da antiga dinastia dos Ptolomeus e entusiasta de cerimônias formais e rituais, faria sua primeira aparição a Júlio César enrolada em um tapete é impensável.

Seria a história sobre o tapete verdadeira ou era simplesmente como Plutarco – e as gerações seguintes – desejavam imaginar a jovem Cleópatra? Dião Cássio nos deixou uma versão mais comedida, e talvez mais crível, do primeiro encontro entre César e a rainha egípcia, um relato que nos diz mais sobre a rainha do que sobre sua façanha:

> Ela mandou dizer a ele que estava sendo traída pelos amigos e pediu permissão para expor seu caso pessoalmente. Era uma mulher de beleza extraordinária e na época, quando estava no auge da juventude, era ainda mais notável; ela também tinha uma voz encantadora ao extremo e sabia como se tornar agradável a todo mundo. Sendo esplêndida de se ver e ouvir, com o poder de subjugar a todos, até um homem saciado de amantes que já passou do apogeu, ela achou que estaria em conformidade com seu papel encontrar César... Ela pediu, então, para ser recebida por ele e, ao obter permissão, se enfeitou e embelezou para aparecer diante dele com a aparência mais majestosa e, ao mesmo tempo, digna de pena. Quando aperfeiçoou seus planos, foi até a cidade (pois estava vivendo do lado de fora dela) e, à noite, sem o conhecimento de Ptolomeu, entrou no palácio. César, depois de vê-la e ouvi-la falar algumas palavras, de imediato ficou tão cativado que logo, antes do amanhecer, mandou chamar Ptolomeu e tentou reconciliá-los.

Tanto Plutarco como Dião Cássio concordam que o plano de Cleópatra foi baseado no fato de ela ter ouvido que César era um libertino, de caráter "suscetível", nota Dião, "tanto que teve casos com muitas mulheres – com todas, sem dúvida, que ousaram se aproximar dele" (livro 42). Não teria ela concluído que seduzir o líder romano não exigiria muito esforço? Suetônio nos diz que César "arruinou a reputação de muitas mulheres de boa posição" e cita uma música cantada pelos soldados dele na campanha gaulesa:

"Homens de Roma, cuidem de suas esposas, estamos levando o adúltero calvo para casa".

Em seu *Farsália*, Lucano alega que Cleópatra ("mulher que não tem sangue romano") viajou em um barquinho para visitar César e, depois de subornar os guardas para que quebrassem as correntes que protegiam o porto, entrou no palácio sem o conhecimento de César. Na passagem, impressionam o racismo explícito, a devassidão e as formas com que prefiguram representações de Cleópatra pelas futuras gerações:

> Aquela noite abasteceu sua insolência, a noite que levou pela primeira vez uma filha libertina dos Ptolomeus a poluir a cama do general romano... [César] maculou seus pensamentos com luxúria adúltera, misturou cópula ilícita, filho ilegítimo, com assuntos de guerra... Ela teria tentado influenciar seu coração duro em vão se sua beleza não se somasse às suas preces e a luxúria não intercedesse por ela. Ela passou uma noite pecaminosa com seu juiz corrompido.

Lucano descreve a opulência e extravagância do palácio de Cleópatra, as vigas recobertas de ouro, as paredes de mármore polido, as portas feitas de ébano com cascos de tartaruga encrustados e adornadas com esmeraldas.

Das representações de Cleópatra na literatura e na tela, entre as mais revoltantes é a versão para o cinema de *César e Cleópatra* (1945), adaptação da peça de George Bernard Shaw e dirigida por Gabriel Pascal, com Claude Rains e Vivien Leigh nos papéis principais.

A retratação dos escravos do palácio – nus, à exceção de um fio dental de conchas, revirando os olhos e agitando os braços enquanto fogem, aterrorizados, da invasão romana – é tão impressionantemente racista que precisamos de um tempo para nos recuperarmos e registrarmos a odiosidade da representação de Cleópatra. Ela é uma Lolita egípcia sem nenhum discernimento e sotaque britânico, uma paqueradora desamparada que surge como um coelhinho por entre as patas de Esfinge – bem a tempo de encontrar o muito mais velho César, que passeia sob o luar no deserto próximo a seu acampamento. Como o líder romano que está representando, Rains ostenta um penteado para esconder a careca; César era notoriamente sensível a respeito de sua calvície.

Durante todo o excêntrico encontro no deserto, Cleópatra não reconhece o novo amigo. Não faz ideia de quem é ele. Ela explica que é rainha do Egito e está com muito medo dos canibais romanos, que estão chegando para devorá-los. O desejo feminino por poder que tanto ofendeu Plutarco não é discutido.

Leigh representa um tipo familiar dos filmes das décadas de 1940 e 1950: a garotinha irresistível, a ninfeta ingênua que precisa que um homem mais velho lhe apresente a própria capacidade e seu poder sexual. Nesse caso, a ocultação de sua identidade por parte do homem mais velho funciona como uma peça que ele está pregando na garota boba, no público e no povo egípcio. A pequena Cleópatra nunca suspeita que aquele cavalheiro idoso, gentil e condescendente é... Júlio César.

Antes da Segunda Guerra Mundial, *Pigmalião*, também dirigido por Pascal, ganhou o Oscar de Melhor Roteiro Adaptado e foi um grande sucesso. Então, aparentemente esse era o arco de história (professor do sexo masculino transforma diamante bruto do sexo feminino em princesa) que o estúdio estava tentando repetir: César como o Henry Higgins imperial transformando Cleópatra – Eliza Doolittle – de garota pobre do deserto em rainha do Egito e, apesar da (ou devido à) significativa diferença de idade, apaixonando-se pela estimada aluna.

Os rompantes de encanto e admiração de César pela pupila atrevida têm notas desconcertantes. Cleópatra é sua "bruxinha dos sonhos impossível", sua "criança divina". No entanto, a repugnância de sua tutela é consideravelmente ampliada quando ele educa Cleópatra no exercício do poder, encorajando-a a maltratar os escravos: primeiro, desafiando sua ama autoritária; depois, açoitando um núbio fugido que vestia apenas conchas de búzios. Incentivada por César, Cleópatra golpeia seu escravo sem motivo algum e com um frenesi que tanto ela quanto César acham hilário e que deveria representar um importante passo em seu aprendizado sobre como governar um reino. Tudo isso leva ao momento em que Cleópatra descobre a verdadeira identidade de seu sábio mentor mais velho – É César! – e desmaia em seu colo.

Enquanto isso, o filme oferece um retrato perturbador do rei Ptolomeu XIII como um garoto tolo, grosseiro e andrógeno. Sua sangrenta guerra civil com Cleópatra é reduzida a uma rivalidade infantil entre irmãos, uma disputa doméstica durante a qual a irmã mais velha mostra a língua para o irmão mais novo. Há muitas risadinhas entre os romanos quando é explicado que os irmãos também são esposos.

A cena da rainha enrolada no tapete é a parte principal do filme. Ela aparece na metade da trama, de modo que a cronologia histórica (tal como é) tem que ser significativamente alterada. Como resultado, o incidente faz ainda menos sentido do que em Plutarco. Cleópatra não está indo escondida para seu primeiro encontro com César, mas lançando mão de um truque engraçadinho para nos manter engajados em um ponto em que nosso interesse poderia, de outra forma, estar diminuindo.

O ajudante de Cleópatra, Apolodoro, o Siciliano, é um fisiculturista atraente (Stewart Granger), que ergue sem esforço a rainha embrulhada sobre os ombros desnudos e a carrega nas costas musculosas e definidas. O embrulho em que ela está sendo transportada é, de fato, um tapete persa, e uma parte do ardil envolve – inexplicavelmente – ela sendo erguida no ar por um guindaste. Quando pensamos que as coisas não poderiam ser mais perversas, o desembrulhar de Cleópatra, envolvida em várias camadas de tecido (remetendo a uma múmia) dentro do tapete, acrescenta uma desagradável sugestão de *striptease* e necrofilia.

Apenas depois de sobreviver à Batalha do Nilo ao nadar para um lugar seguro nas costas de César ou Apolodoro (é um pouco difícil saber), a rainha se transforma: César criou uma espécie de monstro de Frankenstein. Ela exerce sua autoridade ameaçando açoitar seu professor de harpa e jogá-lo no Nilo para ser devorado pelos crocodilos se ela tocar uma nota errada.

É possível descartar esse filme tedioso, com sua Cleópatra ingênua e sem cérebro, como o outro lado da moeda, o oposto da Cleópatra como sedutora do mal. Quando o assunto é mulher, as opções são familiares até demais: ou ela é virgem, ou puta. Durante séculos, os romanos nos disseram que era a segunda opção, mas nesse filme é mais útil para o enredo representá-la como a ingênua.

O mais marcante nesse filme não é só o racismo e o *frisson* da pedofilia, porém algo que César diz durante aquele encontro inicial no deserto. Ainda sem suspeitar de que ele é um dos canibais romanos, Cleópatra faz um comentário sobre sua palidez. César responde: "Tem certeza de que é o luar que me faz parecer mais branco que um egípcio?". Essa fala, enfatizando a forma com que a aliança de Cleópatra com César foi vista como o caso de uma mulher não branca fascinando um homem branco, deixa-nos inconfortavelmente cientes do quanto a história de Cleópatra é sobre imperialismo e raça. Isso nos lembra de que quando o filme foi feito, em 1945, ainda havia soldados britânicos no Egito, onde estavam desde 1882, e (embora o país já fosse oficialmente independente àquela altura) o exército britânico permaneceria até 1956. O lançamento do filme também precedeu por dois anos a saída da Grã-Bretanha da Índia. Apesar das togas e dos penteados para esconder a calvície, esses romanos *são* britânicos, ou substitutos de britânicos, levando cultura e civilização às terras que invadem, ocupam e exploram. Cleópatra e seus semelhantes egípcios precisam que os romanos cheguem e mantenham a ordem. Os ocupantes vão impor sua civilização avançada sobre esses primitivos que cometem incesto no mais alto nível social. Eles vão *ajudar* a rainha a governar. Se, no filme, o romano envelhecido perder o coração para a megera egípcia, a história ficará ainda mais meiga e romântica.

A tentativa de César de resolver a disputa entre Cleópatra e seu irmão não poderia ter começado como começou na versão de Pascal, com o imperador romano acabando com uma briga de família, observando com uma condescendência perplexa a irmã provocar o irmão. Quando César intercedeu na luta por poder entre os irmãos, a rivalidade amarga e custosa já havia começado. Dião Cássio descreve o choque do jovem faraó ao ver sua irmã e César juntos. Ao gritar que havia sido traído, ele arrancou a coroa da cabeça e a jogou longe, incitando seus súditos a atacarem o palácio.

Em *A guerra civil*, César, ao escrever sobre si mesmo na terceira pessoa, relembra sua percepção de que a guerra entre Cleópatra e seu irmão "era uma questão preocupante para o povo romano e para ele próprio". Essa preocupação tinha raízes no acordo que Roma tinha feito com Aulete durante uma das estadas do faraó em Roma. E, embora isso não seja mencionado por César, podemos presumir que sua ansiedade não era motivada apenas pela paixão por Cleópatra como diziam alguns, mas, pelo menos em parte, era estratégica e financeira. Os filhos de Aulete deveriam pagar as somas que seu pai havia pedido emprestadas, e César deixou claro que seu esforço para intermediar um acordo entre eles estava condicionado à promessa de honrarem o pacto de Aulete com Roma e pagarem uma parte dos 17,5 milhões de dracmas que haviam sido emprestados a ele.

Previsivelmente descontente com a interferência de César, Potino zombou dessa parte do acordo, oferecendo-se para pagar a dívida quando, e apenas quando, César partisse do Egito. A noção de que a tentativa de César mediar a rixa dos irmãos fora motivada por afeição por Cleópatra resultou em uma história melhor, mas não se pode esquecer o quanto do histórico dos dois foi moldado por preocupações políticas e monetárias.

César convocou uma reunião na qual proclamou que o estabelecimento de uma monarquia conjunta entre irmão e irmã havia sido a intenção do pai deles. Como prova, ele apresentou uma cópia do testamento de Aulete, que designava "o mais velho de seus dois filhos e uma de suas filhas" como seus herdeiros. Também no testamento, Aulete indicou o povo romano como guardião desses herdeiros, uma condição que legitimava a interferência romana nas questões egípcias – mais um gesto imprudente e desesperado de que Aulete provavelmente fez uso para apaziguar os ânimos e evitar as agressões romanas. (Alguns historiadores levantam a hipótese de que uma das razões pelas quais Aulete pediu tanto dinheiro emprestado foi garantir que os romanos tivessem interesse em que ele permanecesse no poder e, assim, pudesse pagar a dívida.)

É de se perguntar por que César imaginou que os alexandrinos seriam influenciados pelos últimos desejos de um rei que preferia sua flauta a seu povo, que os havia alienado e empobrecido e que, em última análise, os hipotecara a Roma. César ordenou que os dois lados beligerantes dissolvessem seus exércitos e se submetessem a um processo legal que ele, como "amigo e juiz", determinasse. Os dois filhos mais novos de Aulete, Arsínoe IV e Ptolomeu XIV, foram nomeados corregentes do Chipre, talvez – dado o histórico dos Ptolomeus – para diminuir qualquer futura ameaça que pudessem representar ao reinado dos irmãos mais velhos.

Mais uma vez, motivados por ambição e más intenções, os guardiões de Ptolomeu XIII sabotaram qualquer acordo que não os colocasse em total controle. César descreve o eunuco Potino como alguém encarregado do reino e indignado com a interferência romana, enquanto Dião Cássio argumenta que Potino temia que, a menos que o menino rei fosse considerado o único governador, o guardião seria obrigado a pagar por sua má conduta.

Potino enviou uma mensagem a Áquila em segredo pedindo que o exército de Ptolomeu fosse mandado de volta a Alexandria. Ao esperar descobrir a intenção de Áquila, César despachou dois embaixadores para sondar o general. Áquila mandou matar os dois, mais ou menos da mesma forma que Aulete havia assassinado os alexandrinos enviados para encontrá-lo em Roma. Foi mais uma demonstração de como era perigoso, na Antiguidade, ser mensageiro de uma facção hostil a outra.

César se deu conta de que seria bobagem alienar Ptolomeu XIII, popular entre os alexandrinos. Mesmo quando uma contenda ativa irrompeu e o exército do rei menino estava atacando os romanos, César insistiu que o conflito não era obra de Ptolomeu, mas de seus conselheiros traiçoeiros, uma afirmação que provavelmente era verdadeira, dada a idade do menino, bem como sua falta de experiência política. O caráter e a qualidade do exército de Áquila pouco interessaram a Plutarco, porém causaram grande preocupação a César. Ele relata o caráter desagradável dos soldados de origem que, ele sugere, podiam torná-los ao mesmo tempo desorganizados e, em especial, ferozes.

O exército que ele descreve era composto de *Gabiniani*, que tinham permanecido no Egito depois de defenderem Aulete contra a filha. Indisciplinados e afastados da "conduta ordeira" dos soldados romanos, esses exilados, ex-cidadãos do império, criminosos e escravos fugidos, não tinham consideração alguma pelos mais elevados ideais e princípios do exército romano: "Por um antigo costume do exército alexandrino, esses homens, por hábito, exigiam que amigos do rei fossem mortos, saqueavam a propriedade dos ricos, sitiavam a residência do rei para conseguir pagamentos mais altos e removiam alguns e indicavam outros ao trono".

Em última análise, o caráter moral dos soldados egípcios importava menos do que o fato de as forças de César estarem em grande desvantagem numérica. O conflito irrompeu nas ruas de Alexandria e Áquila tomou o controle da cidade, à exceção do distrito onde César havia se refugiado no palácio real. Áquila tentou invadir a sede da realeza, mas os homens de César, taticamente posicionados nas ruas de Alexandria, frustraram o ataque. O conflito mais sério aconteceu na área portuária. Ficou claro que quem quer que assumisse o controle do porto venceria a guerra. César ordenou que os próprios navios fossem queimados para evitar que o inimigo obtivesse controle deles; no caos subsequente, ele conseguiu tomar o controle do farol (o Faros) e do estreito canal que controlava o acesso ao porto.

A disputa durou até o outono de 48 a.C. De muitas formas, o relato de Plutarco acompanha o de César, embora ele sugira – e logo desconverse – que a queima da frota resultou na destruição da Biblioteca de Alexandria depois que as chamas foram sopradas para a costa. Ele acrescenta que César, forçado a nadar para um lugar seguro, carregava uma série de manuscritos em uma das mãos. "Embora fosse, de modo constante, atacado e obrigado com frequência a manter a cabeça debaixo d'água, ele não os soltou, mas os segurou no alto para que não ficassem molhados, enquanto nadava com a outra mão." (César era famoso por ser um exímio nadador.)

Seriam pergaminhos resgatados da biblioteca em chamas ou, de modo mais provável, manuscritos de própria autoria? A preservação dos manuscritos por César é um dos detalhes mais memoráveis e convincentes, como a pira funerária de Pompeu ter sido feita com madeira de um barco destruído. Então a ruína, ou ruína parcial, de uma coleção miraculosa se torna uma história sobre um super-herói que conhecia o valor da palavra escrita.

Desde então, há um debate considerável sobre quanto da biblioteca foi queimado e como o fogo começou. Uma teoria sugere que César acidentalmente iniciou o incêndio quando ordenou que seus navios fossem queimados no porto para impedir que o exército de Áquila os utilizasse contra os romanos. Outros citaram uma data posterior para o prejuízo à coleção e culparam o imperador romano Teodósio e o califa muçulmano Omar. A biblioteca parecia ainda existir quando Estrabão visitou Alexandria, em 24 d.C., e Suetônio nos diz que ela sobreviveu boa parte do século I d.C., quando uma nova ala foi acrescentada para abrigar o gigantesco número de livros escritos pelo imperador Cláudio.

No entanto, também parece que o declínio da biblioteca pode ter começado muito antes, quando Ptolomeu VII substituiu o bibliotecário, um estudioso homérico, por um companheiro seu, um militar. Como observa Duane Roller: "Ocupar altos cargos administrativos com ideólogos é evidência clara do declínio do reino. Esse padrão parece ter continuado nas gerações seguintes, quando Ptolomeu também indicou uma pessoa de sua confiança como bibliotecário". Também é possível que a biblioteca não tenha sido destruída de repente pelo fogo, mas se deteriorado lentamente no decorrer do tempo, danificada pelos elementos e por uma série de desastres naturais.

Conforme prosseguiu a guerra, uma luta secundária pelo poder eclodiu quando a irmã e ex-aliada de Cleópatra, Arsínoe, passou para o lado de seu irmão, então brigou com Áquila e foi obrigada a subornar seus soldados para conservar seu apoio. Embora Potino continuasse a estimular Áquila a prolongar a disputa, seus mensageiros foram presos e Potino foi morto. A história do barbeiro de César e a trama que ele escutara para matar o imperador não aparecem no relato de César, mais preocupado com problemas e soluções militares e políticos do que com fofocas.

O autor de *The Alexandrian War* – que se acredita ser Aulo Hírcio, um militar subordinado a César que ascendeu (brevemente) à posição de cônsul depois da morte do imperador – é, como César, focado em estratégia quando descreve como a cidade foi fortificada depois que Arsínoe ordenou que Áquila fosse morto. Àquela altura, Arsínoe havia se declarado rainha e substituído o líder do exército de seu irmão por seu tutor, o eunuco Ganimedes, que a convenceu de que Áquila estava planejando trair a frota e deveria, portanto, ser punido.

Enquanto isso, um fervor revolucionário estava surgindo na capital egípcia no meio da guerra. Os líderes de Alexandria fizeram o povo lembrar de quanto tempo fazia que estavam se defendendo das incursões de Roma e alertaram que, se César fosse autorizado a continuar entre eles, seu reino seria reduzido a uma província romana.

Por meio de um elaborado feito de engenharia militar, Ganimedes cortou o fornecimento de água da região em que César estava, irritando seus vizinhos alexandrinos. Agora a narrativa de Hírcio entra em uma atípica primeira pessoa quando, provavelmente falando por seu comandante, ele critica o povo com que César estava em guerra: "Se eu tivesse que defender os alexandrinos das acusações de falsidade e oportunismo, poderia falar por um longo tempo em vão; de fato, no instante em que se reconhece sua raça, também se reconhece seu caráter, e ninguém pode duvidar que se trata de um povo feito para a deslealdade".

Ao ler essas linhas, pode-se pensar em Claude Rains sob o luar, perguntando se o brilho pálido da lua era, de fato, o único motivo de ele parecer mais branco que os egípcios. Na frase "um povo feito para a deslealdade", ouvimos o imperialista aceitando seu dever sagrado de levar a civilização e a moralidade à população. Hírcio está falando na voz de um líder romano que dentro de alguns anos seria assassinado de modo brutal por seu povo no chão do Senado.

Mesmo quando César estava ordenando que seus homens cavassem poços para encontrar água fresca, reforços chegaram para apoiar o exército egípcio, embora não o suficiente para resistir à mobilização brilhante das forças navais romanas reunidas em um esforço de intimidar seus oponentes. Mais conflitos se seguiram, novos ataques e recuos, até que os alexandrinos, que haviam acreditado que eram (nas palavras de Hírcio) "nossos iguais", foram abatidos e desmoralizados.

Impressionados pela determinação e perspicácia militar dos romanos, os alexandrinos foram até César e pediram que ele libertasse Ptolomeu da custódia romana e os livrasse de Arsínoe e do tirano Ganimedes.

Arsínoe foi exilada em Éfeso, uma decisão que Aulo Hírcio credita a César. ("Ele decidiu remover do reino a garota mais nova, Arsínoe.") A pintura mais famosa da irmã mais nova de Cleópatra é *A libertação de Arsínoe*, de Tintoretto (c. 1560), que pretende mostrar a fuga de Arsínoe de Alexandria depois que César ajudou sua irmã a obter o controle do Egito. Dois homens e duas mulheres em um barco estão prestes a partir para o mar agitado. Ambas têm corpos bonitos e estão nuas, exceto por algumas correntes pesadas e posicionadas de modo estratégico. Não pretendemos nos perguntar por que elas teriam decidido fazer essa perigosa viagem marítima nuas nem por que a mulher nos braços do soldado seria supostamente uma princesa egípcia que tentou roubar o trono da irmã.

O homicídio posterior de sua irmã mais nova, em 41 a.C., é um dos assassinatos que se consideram que Cleópatra ordenou e pediu para Marco Antônio executar por ela. Arsínoe aparentemente foi arrastada para fora do templo de Ártemis em Éfeso e assassinada em seus degraus.

Cansados da custosa guerra e angustiados com o número cada vez maior de baixas, os alexandrinos prometeram se render se César viesse em seu auxílio, pedido que inspira mais um discurso de Aulo Hírcio sobre pessoas traiçoeiras, "sempre dissimulando ter um objetivo diferente de suas reais intenções".

Ainda tentando promover um acordo pacífico, César convenceu Ptolomeu a pensar em seu país e em seu povo. Aos prantos, o jovem faraó concordou e César o libertou, embora não tivesse fé nele em razão de sua juventude e pouca instrução. "Então o rei, como um cavalo de corrida que perdera a cabeça, travou guerra contra César com tamanha energia que as lágrimas que havia derramado em sua conversa com ele tinham sido obviamente lágrimas de alegria." Ptolomeu se afogou no meio da batalha: "Há um consenso de que o rei fugiu do acampamento e embarcou em um navio, mas morreu quando o navio afundou devido ao número de homens que nadaram para as embarcações mais próximas".

A ausência de Cleópatra é notável nesses relatos, sugerindo que ela permaneceu no palácio real e esperou para ver como o conflito seria resolvido.

A morte do jovem Ptolomeu colocou um fim na guerra civil. O exército egípcio se rendeu. Recebido como herói e vencedor, César aceitou a derrota dos alexandrinos e comemorou com seus homens:

> Agora que estava no controle do Egito e de Alexandria, César estabeleceu no trono os monarcas que Ptolomeu havia indicado em seu testamento e submeteu o povo romano a juramento para garantir que isso não fosse alterado. Como o mais velho dos dois meninos, que tinha sido rei, não existia mais, César deu o trono ao mais novo [Ptolomeu XIV] e a Cleópatra, a mais velha das duas filhas, que havia permanecido leal a ele.

Cleópatra, a mais velha das duas filhas, que havia permanecido leal a ele. Só isso. Em nenhuma parte de *A guerra civil* ou de *The Alexandrian War,* César ou Hírcio mencionam o romance do imperador com Cleópatra; em nenhuma parte fazem referência a ele ter ficado preso no palácio dela; em nenhuma parte levantam a possibilidade de que a queima da frota dele tenha levado à destruição da grande biblioteca; em nenhuma parte confirmam a viagem comemorativa pelo Nilo que dizem ter sido feita por César e Cleópatra.

Nenhum desses autores tampouco escreve algo que sugira que a rainha egípcia tenha tido, ou teria, um filho de César. Essa visão do relacionamento dos dois e do equilíbrio de poder entre eles levaria o historiador Ronald Syme a concluir que "Cleópatra em momento algum esteve na política de César, o Ditador" (citado em Roller).

Plutarco conta uma história diferente: uma versão dos acontecimentos que corrobora seu argumento contra Cleópatra por interferir nas questões de Roma e, ao mesmo tempo, faz César parecer ainda mais heroico do que no próprio relato.

Apesar de César relatar que sua intervenção militar no Egito teria sido inspirada puramente pelo desejo de intermediar a paz e convencer um irmão e uma irmã a compartilharem o trono, Plutarco insiste que ele nunca teria se envolvido na guerra alexandrina se não fosse por sua paixão por Cleópatra, embora o autor também sugira que seria possível que ele tivesse ficado furioso por Potino tramar contra ele, com a arrogância do eunuco e pelos insultos – a maioria deles relativa às fortunas que Potino acusara César de roubar do Egito – feitos contra o imperador e seus soldados.

Dião Cássio também reconhece o papel central desempenhado pela afeição de César por Cleópatra, sugerindo que a relutância de César em reivindicar o Egito para Roma foi consequência de sua afeição pela rainha egípcia, "em prol daquela por quem ele se envolveu no conflito". No entanto, por temer que os egípcios se rebelassem mais uma vez se uma mulher assumisse o controle do país,

> ele exigiu que ela "se casasse" com o outro irmão e entregou o reino a ambos, pelo menos nominalmente. Na realidade, Cleópatra ficaria com todo o poder sozinha, já que seu marido não passava de um menino e, em razão do apoio de César, não havia nada que ela não pudesse fazer. Portanto, sua vida e seu governo compartilhados

com o irmão eram mero fingimento, o que ela aceitou, enquanto na prática governava sozinha e passava seu tempo na companhia de César (livro 42).

Mais um detalhe ausente em *A guerra civil* e *The Alexandrian War* aparece na breve sequência de Plutarco à vitória romana: "Deixando Cleópatra reinar no Egito – ela pouco depois teve um filho seu, que os alexandrinos chamaram de Cesarião". Uma inscrição no Serapeu de Mênfis sugere que Cesarião nasceu perto do fim de junho de 47.

Dizem que César e Cleópatra – embora isso também tenha sido contestado – comemoraram a vitória na primavera de 47 com um cruzeiro pelo Nilo, acompanhados de uma frota de quatrocentos navios. Suetônio escreve: "Também com ela, ele viajou na barca real pelo interior do Egito e teria chegado à Etiópia, mas seu exército se recusou a segui-lo". Supostamente, a flotilha também incluía uma barca real tão espaçosa e mobiliada de modo luxuoso e confortável quanto um palacete flutuante.

No entanto, no início daquela mesma primavera, depois de aprovar projetos de um templo dedicado a ele, César partiu do Egito para Anatólia, onde havia irrompido uma insurreição antirromana. Ao que parece, ele não estava presente em Alexandria naquele mês de junho, quando Cesarião – oficialmente Ptolomeu Filópator Filómetor César – nasceu. Suetônio mais uma vez: "A criança nascida dela ele permitiu ser chamada por seu nome. De fato, vários autores gregos registram que ele se assemelhava a César tanto em aparência quanto em comportamento. Marco Antônio confirmou ao senado que César havia de fato reconhecido a criança... e outros amigos de César estavam cientes disso". Essa afirmação foi contestada por Caio Ópio, que publicou um livro afirmando que Cesarião não era filho de César. Apesar do que Suetônio escreveu, parece claro que César nunca reconheceu publicamente a paternidade de Cesarião.

Supostamente apaixonado por Cleópatra antes mesmo de o caso amoroso entre os dois começar, dizem que Marco Antônio ficou impressionado com ela desde a primeira vez em que a viu, quando era uma garota. Ele teria um motivo convincente para apoiar a alegação de que o filho dela era herdeiro de César – fato que custou a ela muito tempo e esforços para estabelecer. O próprio destino de Marco Antônio poderia ter sido diferente se o filho de sua amante, em vez de o sobrinho-neto de César, Otaviano, tivesse sido designado por Júlio César para comandar o Império Romano depois de sua morte. De qualquer modo, César escolheu Otaviano como herdeiro, uma decisão que teria consequências sérias, e até fatais, para Marco Antônio e Cleópatra.

Depois da partida de César, Cleópatra foi deixada com a tarefa de reparar os danos que a guerra havia infligido a Alexandria. O ginásio que tanto impressionara Estrabão foi reconstruído, assim como o farol na ilha de Faros, um marco que não só tinha um propósito prático, mas também um significado simbólico na vida da cidade. Ela também iniciou a construção de um grande complexo, o Cesareu, dedicado a Júlio César, e de sua tumba, localizada de maneira conveniente próximo ao Templo de Ísis. A cripta, supostamente impossível de abrir depois de fechada, teria grande importância na história da morte dela e de Marco Antônio e também nas obras de arte e de literatura que esses eventos inspiraram.

Além de todos os seus projetos cívicos e responsabilidades, Cleópatra era mãe de quatro: um filho com Júlio César e gêmeos fraternos (uma menina e um menino), e outro filho com Marco Antônio. Dada a pronta disponibilidade de contracepção e aborto, habilidades e técnicas das quais os médicos egípcios, dizem, eram adeptos, parece provável que esses foram filhos desejados por ela. Por sorte ou de forma intencional, a chegada deles foi espaçada de maneira uniforme, dando à rainha bastante tempo para se recuperar das tensões da gravidez e do parto, exigências físicas que teriam comprometido sua habilidade de desempenhar sua função com capacidade e força total. Apesar de a guerra contra seu irmão ter eliminado uma ameaça a seu poder, ainda seria imprudente baixar a guarda por um extenso período de tempo.

Já vimos o quanto os laços familiares entre os Ptolomeus eram confusos, desgastados e facilmente rompidos. Ter filhos com homens poderosos não era garantia de segurança como pode ser hoje. Cleópatra não só protegia seus filhos, mas lutava por eles. Com seu histórico familiar e a posição instável do Egito, ela devia suspeitar que a sobrevivência deles dependia da sua e não poderia presumir com segurança que seus filhos viveriam mais do que ela.

O fato de ela aparentemente ter tentado influenciar César a reconhecer o filho deles como seu herdeiro e sucessor revela suas paixões maternas, combinadas às próprias ambições. Como Cesarião era apenas um bebê e como (apesar de seu nado heroico) era notável que César estivesse envelhecendo e piorando de saúde, a morte do imperador e a instituição do filho dele com Cleópatra em seu lugar significariam que ela agiria como regente de Cesarião – e controlaria não apenas o Egito, porém todo o Império Romano. Depois do assassinato de César e da morte do último irmão que lhe restava, Ptolomeu XIV, Cleópatra indicou Cesarião como seu corregente.

Mais tarde, depois da morte de sua mãe, Cesarião, então com apenas 13 anos, foi executado por Otaviano. Ele havia sido retirado do Egito às escondidas, mas Otaviano o enganou para que voltasse. As outras três crianças foram levadas para Roma e entregues à irmã de Otaviano, Otávia, a Jovem, ex-esposa de Marco Antônio, com quem ele teve dois filhos.

Em 46, um ano depois do nascimento de seu filho, Cleópatra viajou para Roma e ficou na propriedade de César em Trastevere, onde ele a deixou usufruir de sua luxuosa casa e jardins exuberantes. O local fica próximo a onde é hoje a Villa Farnesina – um museu com magníficos afrescos de Rafael, Del Piombo, entre outros. A Villa Farnesina foi construída no início do século XVI, mas podemos presumir que Agostino Chigi, o banqueiro que a edificou, reconheceu, assim como César, um lugar especialmente belo. Localizado na margem oeste do rio Tibre, do outro lado do rio e um tanto quanto distante do Fórum, isso teria ajudado César a manter Cleópatra longe dos olhos reprovadores dos senadores. O palacete renascentista que fica no lugar do antigo ocupa uma adorável faixa de terra plana (agora cortada por uma parte um tanto quanto poluída da Via della Lungara) adjacente ao Monte Janículo, que se eleva sobre ela.

Oficialmente, a visita da rainha significava uma tentativa formal de reconhecer e fortalecer os tratados que seu pai havia forjado, a tanto custo financeiro, com Roma. Não se sabe se Cleópatra levou Cesarião junto. Se sua verdadeira missão era que César reconhecesse o filho, levar o bebê poderia ou não aumentar as probabilidades de isso acontecer.

Fazer arranjos para que o império passasse pela linhagem ptolomaica teria sido extremamente impopular com os romanos, que já reprovavam a presença de Cleópatra na capital e seu relacionamento descarado com César. Dado o status das mulheres romanas, que eram subservientes a seus guardiões do sexo masculino, a simples existência de Cleópatra deve ter parecido uma provocação e uma afronta aos homens de Roma. Eles também não ficaram muito tranquilos quando, durante aquele período ou um pouco antes, uma estátua de Cleópatra banhada a ouro foi instalada no templo de Vênus Genetrix, no Fórum.

Dião Cássio comenta sobre a reprovação do relacionamento de César com Cleópatra, um caso amoroso que ficou na esfera dos rumores quando a rainha egípcia estava em Alexandria, mas que foi impossível de ignorar quando ela foi para Roma. "Ela foi à cidade com o marido e se hospedou na casa de César, de modo que a própria reputação foi manchada por causa de ambos. No entanto, ele não estava nem um pouco preocupado com isso" (livro 43).

Entre os inimigos mais cáusticos e influentes de Cleópatra estava Cícero, o poderoso orador que se aproximava dos 60 anos e tinha acabado de se divorciar da esposa para se casar com sua jovem pupila. Em uma carta para Ático, datada de 13 de junho, 44, ele escreveu: "Não suporto a rainha". Cleópatra parece ter prometido alguma coisa a Cícero – um livro, acredita-se, ou possivelmente um manuscrito – que ela não lhe entregou e depois o insultou mais uma vez quando mandou um mensageiro à casa dele para pedir uma audiência não com Cícero, porém com seu amigo Ático. Seu rancor ainda não havia desaparecido dois anos depois, quando ele escreveu para Ático: "Da insolência da rainha, também, quando ela estava vivendo na residência transtiberina de César, não conseguindo me lembrar sem tormento". Talvez Cleópatra não tenha apreciado nem honrado a extensão da influência política do orador. No entanto, com suas habilidades como diplomata e a sensibilidade necessária para relações de poder, parece provável que ela soubesse o que estava fazendo e estivesse testando a lealdade de César – e possivelmente se divertindo à custa de Cícero. O ódio de Cícero por Cleópatra e Marco Antônio sobreviveu à morte de César. Sua amarga rixa com Marco Antônio levaria à sua fatal e sangrenta decaída.

De qualquer modo, o problema com a presença de Cleópatra em Trastevere não foi tanto o caso de amor escandaloso com César nem o desprezo a Cícero, mas a ameaça que ela (e possivelmente a sucessão de seu filho) poderia representar ao império – além do alto custo de sua estada, que os romanos estavam financiando. De acordo com Suetônio, César se recusou a deixar sua amante egípcia partir até que não a tivesse "coberto com as maiores honrarias e presentes". Quando ela foi embora de Roma, havia sido oficialmente reconhecida como uma "monarca aliada".

Não está claro quanto tempo Cleópatra passou em Roma. Foi sugerido que ela permaneceu lá por dois anos, mas parece improvável que tenha se distanciado tanto da nação pela qual brigou com tanto afinco, um país difícil de governar em tempos normais, e ainda mais em períodos de seca e adversidades econômicas. Sem dúvida, ela teria aprendido observando as consequências das más decisões de seu pai sobre os danos sofridos por um líder que passou muito tempo em outro país, desfrutando da hospitalidade de um inimigo em potencial e tentando subornar ou bajular líderes estrangeiros e transformar agressores em aliados.

Outro problema que teria dificultado a ausência prolongada de Cleópatra era o fato de que sua irmã mais nova, Arsínoe, não havia abandonado os planos de usurpar o trono egípcio. Exilada em Éfeso, Arsínoe voltou a tentar angariar apoio – e mais uma vez se declarou rainha do Egito.

Sabemos que Cleópatra estava em Roma nos idos de março de 44.

Não importa quantas vezes a ouçamos, a história do assassinato de Júlio César nunca perde o poder de nos fascinar e chocar. Podemos agradecer aos antigos cronistas, que selecionaram entre os acontecimentos e rumores os detalhes e reviravoltas para nos oferecer narrativas que demonstram como aqueles autores clássicos eram escritores brilhantes.

Suetônio – sempre tão fascinado por presságios – inicia o rufar dos tambores com uma passagem sobre os augúrios que César ignorou, como ele permaneceu inabalável quando caiu ao desembarcar de um navio ou quando uma vítima sacrificial escapou antes que a cerimônia pudesse ser realizada. (Plutarco escolhe um incidente mais apavorante, ou talvez uma versão mais impressionante dele: no meio do sacrifício, César descobriu que a vítima estava sem o coração.) Apreciador de tabular o equilíbrio entre virtude e vício, Suetônio elogia a generosidade, a justiça, o altruísmo e a coragem de César, além de sua "surpreendente moderação e misericórdia", e oferece exemplos de bom comportamento ilustrando cada um de seus pontos fortes. De acordo com Suetônio, César era um excepcional planejador urbano, reformista do governo, cavaleiro de longa distância e escritor lúcido e eloquente.

Depois disso, as más notícias: "Outras coisas que ele fez e disse tiveram mais peso que isso, de modo que se acredita que ele abusava do poder e teve uma morte merecida". Suetônio compila uma lista dessas outras coisas: a arrogância, o desprezo, os insultos, a ambição implacável e desestabilizadora. Tudo indica que os romanos conheciam os pontos fracos e fortes de seu líder, mas, como acontece com frequência na vida política, a proliferação de rumores condenatórios fez os senadores romanos começarem a rever sua visão – e temores – sobre César.

A presença de Cleópatra certamente não ajudou. Isso pode ter sido visto como uma confirmação da ampla suspeita de que César estava pretendendo se mudar para Alexandria e levar as riquezas do império junto, embora tivesse sido sensato se perguntarem por que César se deslocaria para um lugar onde era malvisto e com cujos cidadãos mal havia estabelecido a paz depois de uma intensa guerra civil.

Os boatos sobre César deixar sua capital enterrada em dívidas, abandonar uma sociedade sobrecarregada pelas despesas de tantas guerras estrangeiras e debandar para o Egito teriam sido aumentados pelo fato de Cleópatra, seu rei-irmão e seu séquito estarem vivendo na residência dele. A presença dela provocou muitos rumores hostis. Uma coisa é acreditar que seu líder foi enfeitiçado por uma sedutora perversa, outra é imaginar que ele vai trocar você por ela. As suspeitas sobre as intenções de Cleópatra durariam mais do que os dois, corrompendo a visão de Plutarco e dos autores seguintes que adotaram seu ponto de vista.

O rumor mais prejudicial, e deveras fatal, foi que César, que já tinha se declarado ditador perpétuo, agora pretendia ser coroado rei, uma provocação direta aos princípios fundamentais da república romana. Assim, para evitar serem forçados a aceitar a hipotética coroação, os futuros assassinos de César e um grupo maior de conspiradores resolveram acelerar o plano.

Primeiro vieram presságios mais arrepiantes: operários descobriram uma tumba antiga com inscrições lúgubres. Na noite anterior aos idos de março, César e sua esposa, Calpúrnia, tiveram pesadelos. Ela sonhou que os frontões da casa deles ruíam. O casal foi acordado quando a porta de seu quarto foi aberta. Disseram que uma tropilha de cavalos que tinha sido fundamental a César na travessia do Rubicão se recusava a comer e chorava copiosamente. Os cavalos inconsoláveis de César são outro desses detalhes maravilhosos que nos acompanham, encurtando a distância entre Antiguidade e presente.

Esses foram os tipos de presságio que os romanos ignoraram por sua conta e risco. César, porém, não deu atenção a eles. Sua esposa implorou que ele ficasse em casa, mas ele se recusou e foi para o Senado.

Suetônio descreve o choque de César, as 23 punhaladas, e seu esforço para se cobrir com a toga para que estivesse mais decente quando sucumbisse, detalhe que ecoa em vários registros do assassinato de Pompeu por agentes do irmão de Cleópatra. Lemos sobre o único lamento de César, seu espanto com o envolvimento de Bruto. As orações no funeral, a pira, o luto público. A especulação de que César, ciente de que estava envelhecendo, estava pronto para a morte e havia expressado uma preferência por um fim repentino e inesperado.

Ele havia designado como herdeiro seu sobrinho Caio Otávio – mais tarde Otaviano e, depois, imperador Augusto. Isso acabou com a esperança que Cleópatra tinha de poder continuar governando o Egito e herdar o império por meio de seu filho com César, Cesarião.

A descrição feita por Plutarco do assassinato e suas consequências é várias vezes mais longa, mais detalhada e mais violenta do que a de Suetônio e é um excelente exemplo de narrativa dramática. Uma comparação das duas versões proporciona uma demonstração nítida de como diferentes autores contam a mesma história. Em Plutarco, as portas e janelas da casa de César se abrem ao mesmo tempo. A violência do assassinato é tão aterrorizante e descrita com tanta eloquência que, embora Plutarco tenha vivido bem depois de César, ele produziu o que parece ser um relato de testemunha ocular, que lemos com um crescente horror.

"Quando César entrou na câmara, o Senado se levantou por respeito." Alguns assassinos pararam atrás dele, fingindo ter solicitações para fazer, o que César desconsiderou com irritação. Então, "Tílio agarrou sua toga com as duas mãos e a puxou para baixo, o sinal para o ataque. Casca deu o primeiro golpe de adaga no pescoço, infligindo um ferimento não fatal, nem mesmo profundo, como era provável vindo de alguém que, no início de uma façanha tão monumental, estava nervoso. César se virou de imediato, segurou a adaga e a tomou rapidamente". Alguns senadores ficaram consternados,

> mas cada um daqueles que haviam se preparado para o assassinato revelou sua adaga e cercou César. Para qualquer lugar que virasse, era recebido com golpes

> voltados para seu rosto e olhos, e era jogado de um lado para o outro como uma fera selvagem, aprisionado nas mãos de todos. Todos precisavam iniciar o sacrifício e saborear o assassinato, por isso Bruto também o apunhalou na virilha. Alguns dizem que ele lutou contra os outros, virando o corpo para lá e para cá e gritando, mas quando viu Bruto com a espada na mão, cobriu a cabeça com a toga e se deixou sucumbir, por acaso ou empurrado até lá por seus assassinos, à base do pedestal sobre o qual ficava a estátua de Pompeu. O massacre a ensopou de sangue, de modo que o próprio Pompeu parece ter presidido a vingança tramada contra seu inimigo, caído a seus pés, tremendo devido a uma profusão de ferimentos. Pois se diz que foram 23. E muitos dos conspiradores foram feridos uns pelos outros ao tentarem acertar seus golpes em um corpo.

Plutarco também nos lembra da preferência declarada de César por uma "morte inesperada", mas nem ele e nem Suetônio comentam o fato de que quando alguém deseja uma morte rápida e inesperada, geralmente está falando de um colapso repentino, a traição imprevista do corpo ou, na pior das hipóteses, um acidente, um ferimento em batalha – e não ser apunhalado 23 vezes no chão do Senado.

Cleópatra não é mencionada em nenhuma parte do relato de Plutarco sobre o assassinato. Para nós, porém, isso se tornou um elemento importante da história. No dia da morte de César, Cleópatra estava em Roma como sua convidada e ele era seu amante, seu aliado político e defensor – além de pai de seu filho.

Talvez a descrição cinematográfica mais verossímil de como deve ter sido o Fórum na época de César e durante a estada de Cleópatra em Roma esteja, paradoxalmente, entre as mais modernas. O filme *César deve morrer* (2012), de Paolo e Vittorio Taviani, documenta os ensaios e performances de *Júlio César*, de Shakespeare, na prisão de Rebibbia, no subúrbio de Roma. Os atores são todos prisioneiros. Ao assistir, percebemos que esses criminosos taciturnos e grosseiros, alguns na prisão por crimes graves, se aproximam mais de como devem ter sido os antigos romanos do que os atores que os representaram subsequentemente: Marlon Brando, James Mason, John Gielgud. Os atores no filme dos Taviani são tão brutos, tão intensos, levam a história tão a sério e há tanta coisa em jogo para eles que nos lembram de que o que aconteceu no Senado foi uma questão de vida e morte.

Esses assassinos interpretando assassinos planejando um assassinato nos dão uma noção diferente de como a cena ocorreu naqueles idos de março. Depois de ver o filme, a ideia que se tem daqueles senadores terá mudado dos conspiradores eloquentes de Shakespeare para um bando de durões insensíveis executando a versão da Antiguidade de um golpe ao estilo do submundo do crime.

"Dos assassinos", escreve Suetônio, "praticamente nenhum sobreviveu mais de três anos ou teve morte natural. Todos foram condenados, cada um tendo um destino diferente, alguns em naufrágios, outros em batalha. Alguns até tiraram a própria vida com a mesma adaga utilizada no ímpio ataque a César". Plutarco elabora:

> A mais notável das coincidências humanas foi a que recaiu sobre Cássio, que... se matou com a mesma adaga que havia usado contra César. Entre os sinais divinos, houve o grande cometa, que brilhou durante sete noites depois do assassinato de César e desapareceu, e o escurecimento do sol. Durante aquele ano, o disco subiu pálido e sem brilho, e o calor que emanava era fraco e escasso. O ar, da mesma forma, era escuro e pesado... e os frutos, imperfeitos e não totalmente maduros, ressecados e murchos devido ao frio.

No entanto, antes de qualquer ordem real ter sido imposta sobre o caos que sucedeu o assassinato de César, Cleópatra se envolveria nas alianças e nos antagonismos que punham os apoiadores dele contra seus inimigos. Mais uma vez, as batalhas de romanos contra romanos teriam profundas repercussões para a rainha egípcia.

Qualquer um que tenha sobrevivido a algum dos desastres do último meio século – terremotos, pestes e tsunamis; o 11/9; os assassinatos de Martin Luther King Jr. e do presidente Kennedy; o ataque de 2021 ao Capitólio dos Estados Unidos – terá uma sensação nítida do que é respirar o ar da violência e da crise, como é viver em uma cidade caótica, em um mundo em que ocorreu um cataclismo.

Depois do assassinato de César, seu testamento foi lido em voz alta para o povo romano, que ficou sabendo que cada um deles havia recebido "uma generosa herança". Isso, ao que parece, foi a gota-d'água. A multidão explodiu. Eles empilharam a mobília de madeira disponível no Fórum para fazer uma pira funerária para César, depois saíram promovendo tumulto pelas ruas, querendo se vingar dos assassinos, os quais tiveram o bom senso de se esconder.

Cleópatra se viu em um país estrangeiro com seu filho, ou longe dele, depois do assassinato do homem que era não só seu amante e pai de seu filho, mas também uma fonte vital de apoio pessoal, político e econômico. Ele era a principal razão de ela estar em Roma. Os motins e o caos certamente a lembraram do quanto estava distante de casa e de como os romanos gostavam pouco dela.

Na confusão que sucedeu o assassinato, até os amigos de César ficaram sem saber se estariam correndo perigo. Marco Antônio, que não tinha participado do ataque, escondeu-se e apareceu usando armadura sob a túnica.

Antes de nos preocuparmos muito com Cleópatra, precisamos lembrar que ela não era estranha à violência. Já havia travado uma guerra sangrenta e dispendiosa contra o irmão, enfrentado um cerco, visto seu porto ser incendiado – e saído vitoriosa. Ela pertencia a uma dinastia real para a qual assassinato era uma forma mais comum de deixar o mundo do que morte natural.

Ainda assim, os últimos dias de sua estada em Roma devem ter sido assustadores. Cleópatra permaneceu na cidade por mais algumas semanas, sob a luz fraca e fria e o brilho do cometa que resplandecia toda noite, um fenômeno que se acreditava ser um lembrete do assassinato e uma reprovação celestial a ele.

É claro, Cleópatra nunca foi diretamente implicada na morte de César, como seria mais tarde na de Marco Antônio. Sua presença em Roma – na realidade, sua mera existência – havia alimentado a desconfiança e suspeita dos detratores de César. As pessoas, porém, sabiam quem eram os conspiradores e ela não estava entre eles, nem tinha motivos para estar.

Um mês depois da morte de Júlio César, Cleópatra voltou ao Egito, que permanecera relativamente tranquilo em sua ausência, impassível às efervescências civis que haviam arruinado tanto do reinado de seu pai e do início de seu reinado. Ela aproveitou o momento pacífico e próspero para retomar a construção de projetos que os antigos Ptolomeus tinham iniciado. Continuou a obra do gigantesco templo de Dendera, onde mandou gravar um baixo-relevo de Cesarião na parede. A imagem de seu filho fazendo uma oferenda a Ísis enfatiza a conexão entre sua mãe e a deusa egípcia. Mais ou menos na mesma época, Cleópatra ordenou a finalização do templo de Edfu e ampliou o templo de Hermontis, onde em 51, no início de seu reinado, ela tinha instalado o touro sagrado.

Ao se cercar de filósofos proeminentes, cientistas e escritores, ela se esforçou para regenerar a vida intelectual e artística de Alexandria, restaurando-a a algo próximo do que havia sido durante os reinados de Ptolomeu I e II. Acredita-se que ela própria foi autora de tratados sobre cosmética, alquimia e medicina. Ao fim de seu reinado, seu país se recuperara da crise econômica precipitada pelo endividamento de seu pai, a ponto de, depois de um tempo, ela conseguir financiar e apoiar as campanhas militares de Marco Antônio.

Ela realizou tudo isso apesar de mais uma série de desastres que poderiam ter testado e derrotado um governante menos engenhoso e confiante. Na primavera de 43 e, novamente, no ano seguinte, o Nilo não transbordou sobre suas margens, resultando em mais um período severo de seca e fome, além de uma peste. A essa altura, Cleópatra tinha mais experiência do que em 51, quando solicitou que o trigo fosse enviado à capital. Dessa vez, ela distribuiu trigo de graça para a população faminta, conteve o poder dos cobradores de impostos e desvalorizou a moeda.

Seu irmão-marido-consorte, Ptolomeu XIV, morreu por volta dessa época, aos 15 anos. Se é verdade que Cleópatra mandou matar o irmão mais novo para que Cesarião herdasse o trono egípcio, não houve nenhuma testemunha, nenhum relato em primeira mão, nenhuma evidência; não temos ideia do que aconteceu com o faraó adolescente. Sua irmã pode tê-lo envenenado ou a história de sua morte pode ter sido mais uma expressão do que a história pensava – e esperava – de Cleópatra.

Independentemente da causa, sua morte não poderia ser mais oportuna. Cleópatra aproveitou a ocasião para que Cesarião fosse declarado faraó.

De muitas formas, esses foram os mais produtivos, e decerto os menos turbulentos, anos do reinado de Cleópatra, embora ela ainda tenha enfrentado mais uma série de desafios resultantes da contínua agitação entre os assassinos de César que haviam sobrevivido e aqueles determinados a vingá-lo. Cleópatra deu assistência militar e naval a Dolabella, um dos aliados de César, que parece ter prometido que Cesarião seria escolhido como governante de Roma. Cássio, contudo, interceptou e tomou os navios destinados a Dolabella, que cometeu suicídio depois de ser derrotado, em 43. Apesar de Cleópatra ter tentado enviar mais navios, permitindo que Marco Antônio e Otaviano lutassem contra Cássio, seus esforços foram arruinados por tempestades marítimas.

Em uma tentativa de determinar a quem Cleópatra era mesmo leal, e talvez como reprimenda por não ter conseguido dar um apoio mais vigoroso aos aliados de seu amante morto e pai de seu filho, um emissário – o desleal e oportunista Quinto Délio – chegou para providenciar um encontro entre Cleópatra e Marco Antônio, um encontro que mudaria drasticamente o curso da vida dela.

Capítulo 4
Marco Antônio

Então nos aproximamos do momento em que a atenção de Plutarco se volta para Cleópatra, que despertou tanto seu interesse que, como frequentemente se diz, monopolizou o seu *Vida de Antônio*. Embora seja uma interpretação um pouco forçada, o tratamento de Cleópatra por Plutarco tem algo em comum com a descrição de Anna Kariênina por Tolstói. Isto é, podemos ver ambos os escritores fascinados, admirados e até um pouco apaixonados pela mulher que se propõem a condenar por sua extravagância e depravação.

Plutarco descreve o lar generoso e nobre em que Marco Antônio foi criado, um idílio familiar interrompido quando o padrasto dele foi morto por Cícero por participar de uma conspiração, um acontecimento que inspirou o ódio vitalício de Marco Antônio por Cícero – e que contribuiu para a alegria que Marco Antônio teria quando mandou executar o orador.

Logo, o bom caráter de Marco Antônio sucumbiu às influências corruptoras de seus amigos, primeiro Caio Escribônio Curião e depois Públio Clódio Pulcro. No relato de Plutarco, Clódio parece ter sido uma espécie de sociopata traiçoeiro. Entre suas proezas está se vestir de mulher para entrar escondido e encontrar a esposa de César, Pompeia, por quem estava apaixonado e que estava celebrando um rito sagrado que apenas mulheres podiam presenciar. Mais tarde, Marco Antônio se casaria com a viúva de Clódio, Fúlvia – a quem, Plutarco brinca, Cleópatra devia ter pagado uma taxa por ter ensinado Marco Antônio a obedecer a uma mulher.

O Egito entra na história de Marco Antônio desde cedo, quando apoia o pai de Cleópatra em seu pedido de auxílio a Roma. Foi ele que persuadiu Gabínio – fundador do exército que depois aterrorizou Alexandria – a invadir o Egito e restaurar Ptolomeu XII ao trono que Berenice havia tomado. Marco Antônio logo se destacou como comandante militar e estrategista, tendo liderado seu exército por areias profundas e pântanos alagadiços e, depois, atravessado uma estreita passagem para derrotar o exército de Berenice em Pelúsio. Ele não foi só vitorioso, mas misericordioso, um verdadeiro herói romano. Dissuadiu o furioso Ptolomeu de executar os soldados rebeldes. Esse é um tema recorrente em Plutarco: a compaixão do soldado romano pelos conquistados *versus* a "menos civilizada" sede *oriental* por sangue inimigo; mais um exemplo do mito imperialista de superioridade cultural, religiosa e moral.

Embora seja impossível imaginar o que Cleópatra sabia, parece improvável que uma adolescente inteligente não tivesse compreendido que Marco Antônio – que, segundo Plutarco, ela conheceu quando menina – havia ajudado a salvar seu pai e seu reino. Plutarco nos diz que Marco Antônio deixou Alexandria tendo conquistado o respeito tanto dos alexandrinos quanto dos soldados romanos.

Plutarco admira Marco Antônio, pelo menos a princípio – antes de ele começar a aceitar ordens de uma mulher. Ele era bonito, vestia-se com elegância. Plutarco não consegue listar suas piores qualidades – ele é prepotente, escandaloso, malcomportado – sem acrescentar na mesma frase que tais características eram parte do que o tornavam popular. Marco Antônio era querido por seus homens, descontraído e complacente no que diz respeito a casos amorosos, tanto os seus quanto os de outras pessoas.

Marco Antônio, porém, tinha um defeito fatal. Ele era, Plutarco nos diz, excessivamente suscetível à má influência dos outros, e então somos preparados para os efeitos destrutivos da mulher que será, na visão de Plutarco, a pior influência de todas.

Quando Marco Antônio não conseguiu intermediar um acordo entre os apoiadores de César e Pompeu, ele se disfarçou de criado para levar as más notícias a César. (Essa foi a primeira de várias vezes que Marco Antônio usou trajes e adotou o comportamento de classes mais baixas, às vezes por lhe parecer mais seguro e conveniente; outras, para o próprio entretenimento.) Marco Antônio e Cícero ainda desprezavam um ao outro, e Cícero culpava Marco Antônio por incitar a guerra civil entre Pompeu e César, comparando-o a Helena de Troia (outra instigadora de conflito): como deve ter sido odioso para um romano ser comparado a uma mulher, mesmo sendo uma beleza mítica. Ao escrever um século depois, Plutarco discorda de Cícero: César nunca teria atacado Pompeu por ter recebido um relato negativo de Marco Antônio. César foi movido pelo que sempre motivou conquistadores, o amor pelo poder e o "desejo de ser o primeiro e o melhor".

Quando César saiu de Roma para combater Pompeu na Espanha, ele indicou Marco Antônio para tribuno, papel em que este conseguiu perder credibilidade com o povo romano. A opinião predominante era que ele era excessivamente livre com seus homens, muito preguiçoso e preocupado com o prazer para ouvir os pleiteantes e peticionários e dado a dormir com as esposas de outros homens. No entanto, seu brilhantismo como estrategista militar ajudou César a vencer uma série de batalhas, culminando na decisiva Batalha de Fársalos, na qual Marco Antônio teve um papel importante na derrota de Pompeu.

De volta a Roma, Marco Antônio tornou-se ainda mais impopular. Os romanos desprezavam sua embriaguez, sua gastança impulsiva, seus casos amorosos, "os dias que passava dormindo ou perambulando distraído e de ressaca". Uma manhã, depois de um casamento que durou a noite toda, Marco Antônio chegou ao Fórum passando tão mal devido à bebedeira que um amigo teve que tirar sua toga da frente quando ele vomitou. Ele recebia mímicos, músicos e prostitutas em jantares ao ar livre e andava em uma biga puxada por leões.

Quando houve rumores de que César tinha sido morto na Espanha e seus inimigos estavam marchando na direção de Roma, Marco Antônio, mais uma vez vestido de criado, foi incógnito ver Fúlvia, dizendo à esposa que tinha um recado de seu marido. Quando ela perguntou se Marco Antônio estava morto, ele tirou o disfarce, envolveu-a com os braços e a beijou. O tom de Plutarco é neutro ao descrever essa "brincadeira infantil", a peça que Marco Antônio pregou na esperança de deixar Fúlvia "mais alegre". O leitor moderno pode ficar impressionado com a agressão, sem contar a crueldade absoluta, de um homem enganando sua aparentemente amada esposa, levando-a a acreditar que estava morto: uma piada que não deixaria uma mulher mais alegre.

Apesar de Plutarco se recusar a culpar Marco Antônio pelo início da guerra com Pompeu, ele o considera pelo menos parcialmente responsável pelo assassinato de César. Durante uma comemoração embriagada, Marco Antônio insistiu em coroar César com uma coroa de louros e, por mais que César tenha recusado o gesto, isso convenceu seus inimigos de que ele pretendia se declarar rei. Depois do assassinato de César, Marco Antônio se escondeu, tendo reaparecido disfarçado de criado. Logo depois, ele teria feito o comovente discurso fúnebre que levou os romanos a queimarem o corpo de César e atacar o Fórum.

Depois da morte de Júlio César, Marco Antônio, Otaviano e o general romano Marco Emílio Lépido declararam guerra contra os assassinos de César.

Ambos os lados buscaram o apoio de Cleópatra e, depois de certo atraso – sugerindo que sua decisão era mais política do que emocional, mais voltada a assegurar com cautela o futuro do Egito do que vingar seu amante casado –, ela enviou sua frota para a Grécia em apoio àqueles que haviam sido leais a César. Ela mesma equipou sua marinha e atuou como comandante, uma concepção de poder que teria assustado os romanos, com sua visão estreita do papel da mulher. Pode ter até surpreendido os egípcios, não acostumados a ver uma rainha preparada para liderar seus navios em batalha. Uma combinação de mau tempo e o fato de Cleópatra ter sofrido de enjoos no mar conspiraram para impedir que a marinha egípcia participasse da luta.

Àquela altura, Bruto e Cássio, dois dos assassinos, haviam sido derrotados na Batalha de Filipos. Trezentos homens considerados inimigos políticos foram mortos e os vitoriosos, tendo formado o assim chamado Segundo Triunvirato, assumiram o controle do Senado e do império.

Ao ler Plutarco, é possível observá-lo pesando a proporção de força e fraqueza, vício e virtude, boa e má sorte nos homens sobre os quais escreve. Por fim, em seu *Vida de Antônio*, ele se depara com o acontecimento que, a seu ver, inclina a balança para o lado de uma visão mais dura e negativa de seu personagem.

Essa virada se dá durante a formação do Segundo Triunvirato. Exigiu-se que cada um dos três homens sacrificasse um aliado para ser assassinado por um dos outros. Otaviano entregou Cícero a Marco Antônio; Marco Antônio cedeu seu tio, Lúcio César; Lépido assassinou seu irmão, Paulo, ou mandou matá-lo. "Nada, em minha opinião", escreve Plutarco, "jamais superou a crueldade e selvageria dessa negociação, pois, nessa troca de assassinato por assassinato, todos foram igualmente culpados pelas vidas que entregaram e aquelas que tomaram, embora tenham sido ainda mais culpados no caso de seus amigos, a quem mataram sem ao menos odiá-los".

Marco Antônio parece ter sentido uma satisfação especial ao silenciar Cícero. Ele ordenou que o orador fosse decapitado e que sua mão direita – que havia escrito tanto e de modo tão vituperioso contra Marco Antônio

– fosse cortada. Dizem que Marco Antônio caiu na gargalhada quando a cabeça e a mão cortadas foram levadas para ele. É preciso lembrar que quando os homens de Ptolomeu XIII levaram a César a cabeça de Pompeu, antes seu amigo, aliado e parente, e apenas mais tarde inimigo em uma guerra civil, ele a recusou e chorou. Marco Antônio, porém, não tinha amor nenhum pelo homem que mandara matar seu padrasto e depois levou o Senado a declará-lo inimigo de Estado e ordenou que aqueles troféus mórbidos fossem expostos no Fórum.

Plutarco agora está a caminho de construir seu argumento contra Marco Antônio, que, em sua posição como triúnviro, tomou a residência que pertencia a Pompeu e se instalou nela. Ao se recusar a encontrar oficiais do governo e embaixadores, ele recebia "bajuladores mímicos, malabaristas e bêbados" e se comportava de uma forma que os romanos viam como um insulto ao espírito de Pompeu, que tinha sido um militar sério e um líder político disciplinado. Mais tarde, Plutarco vai usar o luxo excessivo e o custo da hospitalidade de Cleópatra como outra marca contra ela. No entanto, é nítido que esses aspectos do caráter de Marco Antônio eram aparentes bem antes de seu caso com Cleópatra. Os amantes encorajariam e (como diríamos hoje) facilitariam a tendência um do outro ao desperdício e à extravagância, comportamentos que dificilmente os tornariam queridos a seus súditos.

Disso, pelo menos, temos evidências, uma das principais fontes de Plutarco: Filotas de Amfissa, um amigo do avô de Plutarco que estudara Medicina em Alexandria. Amigo de um cozinheiro da cozinha de Cleópatra, ele foi a fonte de uma história sobre os excessos imorais da hospitalidade de Cleópatra. Antes de um jantar que Cleópatra estava oferecendo com Marco Antônio, o amigo de Filotas notou que havia oito javalis girando em espetos e presumiu que a festa seria enorme. "Não", disse o cozinheiro. "São apenas doze convidados." A refeição, porém, tinha que ser impecável, independentemente de quando fosse servida, então múltiplos jantares precisavam ser preparados – múltiplos javalis assados – para garantir que tudo estaria cozido à perfeição quando Marco Antônio e Cleópatra decidissem que sentiam fome. É de se perguntar se essa história era conhecida fora do palácio e, em caso positivo, que efeito provocou nos sofredores egípcios que ainda pagavam as despesas da guerra, a dívida com Roma, os impostos.

Depois, Filotas se tornou um dos médicos que trataram o filho de Marco Antônio e, após o colapso da dinastia ptolomaica, mudou-se para Delfos. Uma segunda anedota que ele contou ao avô de Plutarco dizia respeito ao filho de Marco Antônio, que deu a Filotas algumas taças de ouro só por ter feito uma observação divertida durante o jantar. Provavelmente a história foi incluída em *Vida de Antônio* para ilustrar como a prodigalidade de Marco Antônio e a arrogância de sua generosidade estavam sendo passadas de pai para filho.

Em *Vida de Antônio*, Plutarco nos oferece um catálogo contínuo e cumulativo dos defeitos de seu personagem: Marco Antônio era esbanjador; roubava pessoas boas e desviava o dinheiro para bajuladores e criminosos; tomou a casa de uma pessoa inocente e deu a seu cozinheiro como recompensa por um único jantar delicioso. Ele era crédulo em excesso, quase simplório, confiante demais – mas sinceramente arrependido quando sabia que havia feito algo errado. Ainda assim, para Plutarco, todos esses defeitos não eram nada em comparação ao "mal supremo que recaiu sobre ele", o amor por Cleópatra que despertou e alimentou seus impulsos mais excessivos e devassos, corrompeu-o e tirou sua boa índole.

E assim o herói se rende à feiticeira e, diferentemente do mais afortunado ou mais sagaz Odisseu, morre – ainda sob seu feitiço.

Quando o Segundo Triunvirato assumiu o controle do império, a supervisão do Egito foi designada a Marco Antônio. Por meio de seu enviado, Quinto Délio, ele chamou Cleópatra para um encontro em Tarso. Eles haviam se encontrado quando ela era

> ainda uma menina e desconhecia as coisas do mundo; mas ela se encontraria com Marco Antônio no período da vida em que a beleza das mulheres é mais esplêndida e seu intelecto está totalmente amadurecido. Portanto, ela se muniu de muitos presentes, muito dinheiro e adornos que uma mulher de um reino tão rico poderia ter, porém colocou suas esperanças mais certeiras em si mesma e nas próprias artes mágicas e encantos.

O que Plutarco quis dizer com *artes mágicas e encantos*? Será que as palavras tinham o sentido metafórico que têm hoje? Os supersticiosos romanos, que davam tanto valor a profecias, oráculos e presságios, estariam mais propensos a acreditar que ela havia usado bruxaria para se tornar irresistível.

Cleópatra ignorou a convocação de Marco Antônio, preferindo – "como que por zombaria" – orquestrar a própria chegada em uma barca dourada com velas roxas, os remos se movimentando em sincronia com a música de flautas, pífaros e harpas. Àquela altura, era sabido que certa quantidade de pompa havia saudado e acompanhado Marco Antônio pelos estágios mais recentes de sua carreira. Sua recepção dionisíaca pelos cidadãos de Éfeso – as mulheres vestidas de bacantes; os homens, de sátiros – teria estabelecido uma espécie aberrante de padrão que Cleópatra pode ter se sentido na obrigação de igualar ou superar.

A caminho de Tarso, ela se deitou sob um dossel de tecido dourado, tal qual a deusa do amor, cercada de rapazes, trajados como cupidos pintados, abanando-a, e suas criadas vestidas como "Nereidas e Graças, algumas junto ao leme, outras nas cordas". A imagem que vem à mente é menos a de um barco e mais a de um carro alegórico, um elaborado espetáculo de carnaval ou um desfile do Torneio das Rosas, mas decorado com ouro e joias de verdade, e com a rainha do Egito reclinada em seu centro.

O encontro de Antônio e Cleópatra, 41 a.C. (1885), de Lawrence Alma-Tadema, é uma das poucas pinturas orientalistas em que Cleópatra aparece totalmente vestida. Na realidade, a rainha está vestida de forma um tanto quanto modesta (possivelmente por respeito aos padrões morais vitorianos), com um vestido azul-claro e um manto de pele de leopardo, reclinada de maneira sedutora sob o dossel de sua barca dourada. Marco Antônio espia pela abertura nas cortinas e vê a mulher que – a sugestão é implícita, porém inequívoca – logo virá a ser sua amante.

Plutarco descreve as nuvens de perfume almiscarado que vinham do navio até a costa enquanto multidões faziam fila nas margens para ver a flotilha passar. Ele parece estar descrevendo uma combinação de sedução, performance teatral, campanha militar e rito religioso: "Espalhou-se um rumor de que Afrodite havia chegado para se divertir com Dionísio pelo bem da Ásia". Como já vimos, a figura de Dionísio tinha um significado complexo no mundo antigo, em que o deus era visto ao mesmo tempo como um celebrante, um adepto da libertinagem e do prazer e uma força perigosa e destrutiva, uma fusão de deuses egípcios e gregos. É impossível não se perguntar se esse "rumor" teria chegado aos ouvidos de Cleópatra; certamente, ela se lembraria de que um dos nomes que seu pai havia escolhido para si mesmo foi "o novo Dionísio" e que suas tendências dionisíacas não serviram nem um pouco para que ele fosse querido pelo povo egípcio nem inspiraram confiança em sua liderança.

Até mesmo Marco Antônio, aparentemente o mais perspicaz dos homens, teria reconhecido que a missão dela não era oficial nem estritamente diplomática. Jantares privados sucederam a chegada da rainha, competições de hospitalidade entre o par, vencidas de maneira tão conclusiva por Cleópatra que a Marco Antônio só restava rir da própria "inaptidão rústica". O que se segue é uma anedota que pode ser pura invenção, a menos que suponhamos que alguém tenha escutado a conversa dos dois às escondidas. Lemos em Plutarco: "Ela, ao perceber que o escárnio dele era amplo e bruto e apreciava mais o soldado que o cortesão, juntou-se ao mesmo gosto e caiu nele de imediato, sem nenhum tipo de relutância ou reserva".

O que devemos concluir com isso? Plutarco está sugerindo que Cleópatra era como Marco Antônio, que estava esperando que ele despertasse a aspereza dentro dela? Presumimos que a rainha do Egito adorava piadas sujas? Talvez, se havia passado tempo com César em sua residência ou entre os próprios cortesãos. (Em *Antônio e Cleópatra*, de Shakespeare, ela e suas damas de companhia são um tanto quanto desbocadas.) Ou Plutarco quis dizer que a rainha – ciente de que seu país estava em risco porque o Triunvirato praticamente entregara o Egito a Marco Antônio – adaptou-se a seu público-alvo? Como tantas mulheres, ela se transformou, pelo menos nesse único detalhe, no que um homem queria que ela fosse. Ou a anedota não passou de uma forma de Plutarco nos dizer que os amantes haviam encontrado suas almas gêmeas?

É surpreendente que esse seja o ponto em que Plutarco nos informa que não foi a beleza – não tão extraordinária – de Cleópatra que a tornava irresistível, e sim sua presença, o charme de sua conversa, a natureza mágica (novamente, talvez em um duplo sentido) de tudo o que ela fazia, a voz musical com que falava mais de sete idiomas, incluindo o demótico egípcio que nenhum de seus predecessores tinha se preocupado em aprender.

Quando Marco Antônio deixou Fúlvia, encarregando-a de continuar a luta contra Otaviano em seu nome, ele se permitiu ser levado para Alexandria, "lá para passar férias, como um garoto, em brincadeiras e diversão, esbanjando e exagerando em prazeres dos mais caros, como diz Antifonte, entre todos os bens de valor, o tempo". No espaço de um parágrafo, Marco Antônio se tornou brinquedo, companheiro de brincadeiras e escravo amoroso de Cleópatra. "Ela sempre o mantinha sob a asa, não o libertando nem durante o dia, nem à noite."

Mais uma vez, somos lembrados do status da maioria das mulheres. Com poucas exceções (duas ou três das quais foram casadas com Marco Antônio), as mulheres eram passivas, entravadas e geralmente ignoradas, à exceção do papel de esposas, amantes e mães. A plurilíngue, inteligente e corajosa jovem rainha era, para Plutarco, Cícero e outros autores clássicos, não só uma excentricidade, mas um exemplo sedicioso para outras mulheres.

Charme. Feitiçaria. Engano. Mais uma vez, a magia é influência subjacente na narrativa que Plutarco começou a contar, a história de duas pessoas fortes envolvidas em um romance de vida e morte, um conto tão dramático e intenso que inspirou Shakespeare a tomá-lo emprestado, mais ou menos por completo, e contribuiu para nosso aparentemente eterno interesse por Cleópatra.

Marco Antônio e Cleópatra jogam dados, bebem e caçam. Vestidos como criados – essa é a quarta vez que Plutarco nos mostra que Marco Antônio se disfarçava de membro das classes mais baixas –, o casal espreita em frente a janelas e zomba das pessoas que estão do lado de dentro. O general embriagado reage de maneira bem-humorada a uma brincadeira que Cleópatra faz com ele: depois de ele se vangloriar de ser bom pescador, ela ordena que um criado prenda um peixe salgado do distante Mar Negro em sua linha de pesca. Quando ele puxa a linha e cai no óbvio trote, para grande entretenimento de todos os presentes, Cleópatra transforma a pegadinha em uma ocasião para o bajular (para o que Plutarco sugere que ela levava jeito), ao dizer que suas habilidades com a vara de pesca não eram importantes, pois ele estava destinado a caçar cidades e continentes.

"Enquanto Marco Antônio se divertia com tais brincadeiras de criança", ele foi informado de que Fúlvia havia perdido a batalha contra Otaviano e que os partas estavam invadindo a Ásia. Ao acordar do sonho que estava compartilhando com Cleópatra, Marco Antônio partiu para Pártia, depois mudou de curso e navegou até Roma para ajudar Fúlvia. Plutarco – e o círculo de Marco Antônio, aparentemente – ainda não é capaz de perdoar Fúlvia por sua ambição, sua falta de dons e modéstia femininos.

Logo depois que Marco Antônio ficou sabendo que Fúlvia havia iniciado a guerra com Otaviano para trazê-lo de volta de Alexandria para casa, ela morreu, o que foi conveniente para Marco Antônio, que agora poderia colocar a culpa do conflito na esposa. Otaviano parece ter achado o motivo convincente; de qualquer modo, pareceu disposto a concordar que uma mulher com excesso de ambição e agressividade havia sido responsável pelos problemas entre os dois.

Otaviano e Marco Antônio concordaram em dividir o império, um acordo selado quando Otaviano propôs que Marco Antônio se casasse com sua adorada, enviuvada, virtuosa e *romana* irmã, Otávia.

A passagem que sucede esse noivado interrompe o relato de Plutarco sobre as proezas, as virtudes e os defeitos de seu herói para nos proporcionar algo que lembra um drama renascentista ou um romance do século XIX. Podemos passar rapidamente por isso enquanto acompanhamos Marco Antônio apressando-se para fazer as pazes com Sexto Pompeu, filho de Pompeu, que ainda estava infeliz com a morte de seu pai e liderava uma frota de navios piratas para saquear a costa da Sicília. No entanto, esta é a nossa apresentação a Otávia, cujo casamento com Marco Antônio se tornaria imensamente importante à medida que a história de Marco Antônio e Cleópatra fosse retrabalhada por Shakespeare e outros.

O elemento do triângulo amoroso entra no drama, com todas as suas emoções: ciúme, rivalidade, luto. Essa volta na história será usada para dar à rainha egípcia os sentimentos de uma mulher, em oposição aos pensamentos de uma governante, que pode sensatamente se preocupar com que o casamento de Marco Antônio enfraqueça sua influência sobre ele e, por extensão, sobre Roma. Marco Antônio, agora viúvo, não vai negar sua paixão por Cleópatra, mas não vai se casar com ela porque seu bom senso estava "ainda lutando com o amor que sentia pela egípcia". E então a luta de Marco Antônio consigo mesmo e os próprios desejos se torna uma narrativa paralela ao conflito cada vez mais hostil com Otaviano.

Ao receber uma dispensa do Senado que permitia a Otávia se casar logo depois da morte de seu marido, ela e Marco Antônio se casaram. Plutarco pode ser relutantemente fascinado por Cleópatra, mas é capaz de elogiar Otávia, a mulher romana ideal, sem restrições.

"Todos estavam encorajando esse casamento, esperando que Otávia – que, além de grande beleza, tinha dignidade e inteligência –, quando Marco Antônio a conhecesse melhor e ela conquistasse seu coração (o que seria natural para uma mulher como ela), restaurasse a harmonia entre todas as partes e fosse a salvação." De fato, o casamento foi muito popular. Parecia – falsamente, como depois se revelaria – uma forma engenhosa de assegurar uma paz duradoura entre dois homens cuja inimizade havia ameaçado enfraquecer e dividir o império.

Um problema com que dramaturgos e cineastas têm lutado desde então é a dificuldade de evitar tornar Otávia mais simpática que Cleópatra. Com sua preferência pela virtuosa e bela Otávia, Plutarco nos faz ver Cleópatra como a mulher sedutora cujo poder sobre Marco Antônio, sua habilidade de o fazer escolhê-la em detrimento de sua esposa romana e superior, só pode ser resultado de imprudência, mau comportamento e do poder do sexo.

Para complicar ainda mais as coisas, mais ou menos na época do casamento de Marco Antônio com Otávia, Cleópatra deu à luz gêmeos. Ela os chamou de Alexandre Hélio (o sol) e Cleópatra Selene (a lua), um gesto imensamente ousado que pareceu feito para aumentar a notoriedade – e a indignação – que o nascimento das crianças ocasionou.

Em um banquete celebrando um acordo diplomático que Marco Antônio havia negociado com Sexto Pompeu, dizem que os convidados contaram piadas sobre Marco Antônio – recém-casado com uma e apaixonado por outra, envolvido em um triângulo amoroso que seus amigos aparentemente consideravam cômico.

Caso precisemos de mais evidências de que Cleópatra era mais esperta do que seu amante romano, Plutarco nos conta sobre o adivinho egípcio que ela enviou com Marco Antônio quando ele partiu para combater os partas. Foi ideia dela? Ela convenceu Marco Antônio de que ele precisava dos serviços de um vidente? A ideia do adivinho/vidente se encaixa perfeitamente no fervoroso interesse do mundo antigo pela magia egípcia, um fascínio evidente desde o livro do Êxodo, com o relato dos magos da corte egípcia transformando varas em serpentes.

O vidente, que parece ter sido tudo o que Cleópatra poderia desejar, informou Marco Antônio de que ele não deveria confiar em Otaviano. Nem

Plutarco nem Marco Antônio parecem ter suspeitado de que Cleópatra poderia ser a voz espiritual falando por meio do adivinho, incitando seu amante a se distanciar do homem que havia intermediado o casamento entre Marco Antônio e Otávia. Que melhor espião para se ter no exército de seu distante e recém-casado amante do que um vidente egípcio com o poder de ver o futuro e dar a Marco Antônio o tipo de conselho que Cleópatra gostaria que ele recebesse?

Segundo Plutarco, o adivinho era bom em seu trabalho, sobretudo quando seus pressságios soturnos eram confirmados por outros portentos terríveis. Marco Antônio perdia sistematicamente em brigas de galo e nos jogos de dados que jogava com os homens de Otaviano. A fissura entre Marco Antônio e Otaviano estava se ampliando e, Plutarco sugere, de maneira um tanto quanto improvável, que o aborrecimento e a frustração de Marco Antônio por perder nos jogos foram o que acabou levando seus pensamentos de volta a Cleópatra.

Nesse meio-tempo, ele deixou a Itália e levou Otávia e a filha bebê dos dois para passar o inverno na Grécia. Em Atenas, onde logo teve uma segunda filha com Otávia, ele viveu aparentemente satisfeito. Mais uma vez, referia-se a si mesmo como Dionísio, bebia muito, confraternizava com músicos e promovia festas opulentas.

Capítulo 5
Inicia-se o último ato

As tensões entre Marco Antônio e Otaviano se intensificaram até Otávia tentar, e conseguir, intermediar uma reconciliação temporária. Com uma eloquência com que Plutarco pretende expressar sua dignidade e inteligência, ela disse a Otaviano que se o conflito entre ele e seu marido continuasse, ela deixaria de ser a mulher mais abençoada do mundo para se tornar a mais miserável – e sairia perdedora, independentemente de qual lado triunfasse. Seus pedidos tocaram o coração de seu irmão – na realidade, o coração de ambos os combatentes. Na primavera de 37, os dois homens se encontraram no sul da Itália; depois de uma troca de navios e soldados, Marco Antônio partiu para a Ásia.

E assim se inicia o último ato na história de Marco Antônio e Cleópatra. Como o defeito fatal que de modo inevitável arruína o herói, como a serpente no jardim aguardando para fincar as presas na mão que colhe as flores, o que Plutarco chama de "terrível conduta" que estava dormente em Marco Antônio – a pecaminosa fixação por Cleópatra, da qual se distraiu brevemente por seu casamento com Otávia – foi mais uma vez despertada. Plutarco prossegue colocando a culpa do fracasso catastrófico na campanha parta em Cleópatra e na paixão desgovernada de Marco Antônio por ela.

Marco Antônio voltou a partir para a Síria para se juntar ao combate aos partas e logo mandou chamar a rainha egípcia para se unir a ela na Antioquia da Síria. Plutarco atribui sua decisão ao domínio erótico que Cleópatra continuava a manter sobre ele, apesar dos anos que havia passado vivendo em aparente felicidade doméstica com Otávia. No entanto, parece igualmente provável que Marco Antônio entendesse que o exército parta era grande, habilidoso e bem equipado, de forma que o apoio do Egito seria muito útil – na realidade, crucial – para a vitória contra os agressores sírios.

Quando Cleópatra chegou, Marco Antônio a recompensou com presentes extravagantes em forma de territórios: Fenícia, partes da Judeia, Síria, grande parte da Cilícia, uma boa parte da costa do Mediterrâneo Ocidental e também o Chipre. A ilha em que o tio de Cleópatra havia se matado para não ter que ceder seu lar aos romanos estava agora sendo devolvida. Na realidade, a maior parte das terras que haviam pertencido aos antigos Ptolomeus – e substancialmente reduzidas no decorrer dos anos – estava agora sendo restaurada ao reino egípcio. Os presentes de Marco Antônio não eram apenas românticos, mas estratégicos; as regiões que ele concedeu a Cleópatra eram ricas nos recursos naturais que permitiram a ele expandir suas capacidades militares. Cleópatra respondeu renomeando-se "Rainha Cleópatra, a Deusa, a Jovem, a que Ama Seu Pai e Sua Pátria" – título com a intenção de enfatizar seus novos poderes e proeminência, assim como sua contínua lealdade ao Egito.

Os romanos ficaram furiosos com essa distribuição voluntária de suas terras conquistadas com dificuldade e a indignação aumentou quando Marco Antônio reconheceu formalmente os gêmeos que teve com Cleópatra, crianças que já estavam com 3 anos e meio.

Depois de mandar Cleópatra de volta para o Egito, uma jornada que foi, para ela, uma procissão triunfal, Marco Antônio marchou pela Arábia e pela Armênia, acompanhado por um exército – romanos, ibéricos, celtas, armênios – de mais de 100 mil homens.

Naquele outono, Cleópatra deu à luz seu terceiro filho, nomeando-o Ptolomeu Filadelfo.

Na visão de Plutarco, a fraqueza de Marco Antônio por Cleópatra já havia começado a prejudicar sua capacidade de discernimento. Presente em todo o seu *Vida de Antônio* está o tema do excesso, que parece ter sido parte da natureza de Marco Antônio, uma predileção despertada desde cedo por influência de seus amigos. Ele e Cleópatra salientariam isso um no outro, como uma forma de flerte ou um jogo sexual envolvendo riscos e desafios cada vez maiores. Começando com o encontro dos dois na barca dourada de Cleópatra, eles fizeram questão de superar um ao outro em tudo, da generosidade dos presentes até a extravagância da hospitalidade e a confiança que tinham em suas decisões cada vez mais imprudentes.

A reincidência desse amor, como uma febre malárica, deixou Marco Antônio tão adoentado que enquanto a expedição parta continuava e vacilava, seu líder (segundo Plutarco) não conseguia mais pensar com clareza e parecia incapaz de se concentrar na guerra. Uma razão pela qual o espectro de Cleópatra paira de maneira tão ameaçadora sobre a narrativa de Plutarco a respeito da campanha parta pode ser o fato de se acreditar que Plutarco usou como fonte um relato de testemunha ocular da expedição escrito pelo amigo de Marco Antônio, o esquivo e ambicioso Quinto Délio, cujo relacionamento com Cleópatra supostamente foi de hostilidade mútua. Seu envolvimento com o casal começou cedo, quando ele foi enviado para persuadir a rainha a encontrar Marco Antônio em Tarso.

Há um apetite eterno por contos admonitórios sobre homens que se destroem por uma mulher. Assim, Plutarco nos diz, tudo o que Marco Antônio fez foi de caso impensado, como um homem sem controle que, "sob a influência de certas drogas ou encantamentos... estava olhando sempre na direção dela e pensando mais em um rápido retorno do que em vencer seus inimigos". Voltamos ao âmbito da magia, aos efeitos catastróficos de um feitiço tão poderoso que a experiência de Marco Antônio como general e estrategista militar o desertou.

O que se segue em *Vida de Antônio*, de Plutarco, é uma lista anotada das más decisões que um comandante toma quando sua mente não está focada na guerra. Quase por acidente, Marco Antônio teve várias vitórias, mas os custos foram desastrosos. Um corajoso e talentoso oficial, Flávio Galo, surge na narrativa só para ser perfurado por quatro flechas em uma batalha que matou 3 mil homens e feriu mais 5 mil.

A empatia e o cuidado de Marco Antônio por seus soldados feridos eram tão sinceros e tocantes que Plutarco mais uma vez foi conquistado, influenciado pela devoção dos homens de Marco Antônio. A lealdade deles tinha muitos motivos, como "seu nobre nascimento, sua eloquência, a simplicidade de seus modos, sua generosidade munificente e sua conversa animada e graciosa; e, no tempo presente, compartilhando os esforços e aflições dos que estavam sofrendo e dando a eles tudo de que precisavam, ele tornou os doentes e feridos mais ávidos pelo dever do que os saudáveis".

Embora Plutarco fosse extremamente crítico de Marco Antônio, cada vez mais à medida que Marco Antônio permitia que seus vícios sobrepujassem suas virtudes e deixava que seus pontos fortes fossem subvertidos e destruídos pela influência de Cleópatra, passagens como essa revelam algo que vai além do simples respeito e admiração por Marco Antônio como líder militar. Elas sugerem uma reação mais próxima à admiração genuína pelo caráter generoso, expansivo, fatalmente imperfeito do herói. O leitor moderno pode acrescentar à lista de pontos fortes de Marco Antônio o fato de, em uma época em que as romanas eram consideradas incapazes de ser donas de propriedades ou tomar as próprias decisões, Marco Antônio ter se casado ou se envolvido com Fúlvia, Cleópatra e Otávia, três das mulheres mais poderosas e autônomas da época (ou de qualquer época).

Com certeza não foi isso que o fez ser benquisto por Plutarco. Sua afeição era pelo homem viril, o líder amado por seus homens. Essa veia particular de afeição percorreria os retratos de Marco Antônio que vieram depois, em Shakespeare e chegaram à nossa época.

Aqui, por exemplo, em *Octavian, Antony and Cleopatra* (1934), os historiadores britânicos W.W. Tarn e M.P. Charlesworth oferecem um retrato complexo, cheio de nuances, bem delineado e, em última instância, indulgente.

> Embora [Marco Antônio] continuasse sendo um soldado firme e jovial, o preferido de seus soldados, os quais compreendia e dos quais cuidava, ele tinha algumas qualidades de estadista; na política em Roma, desde o assassinato de César, ele havia demonstrado capacidade de tomar decisões com rapidez e inteligência... mas sua natureza era repleta de contradições. Cruel o bastante quando provocado, ele logo voltava a seu bom temperamento de sempre; às vezes grande na adversidade, na prosperidade ele preferia luxo e diversão; direto e frequentemente leal, ele confiava nos outros e era adulado e enganado com facilidade. Seu pior problema eram as mulheres; elas existiam, ele acreditava, para o seu prazer, e lhe davam amplos motivos para pensar assim... Apesar de desejar poder, em grande parte era em nome do prazer; assim, ele poderia ter se contentado com metade do mundo, não fosse por ter ficado entre duas forças mais fortes.

Nenhuma passagem remotamente similar aparece nas histórias clássicas sobre Cleópatra. Ainda que biógrafos mais recentes – Roller, Grant e Schiff, entre outros – tenham catalogado seus extraordinários feitos e dado bastante ênfase a sua ambição, inteligência, capacidade e coragem, à confiança e engenhosidade com que lutou para preservar sua dinastia durante as últimas duas décadas de sua existência, ninguém (com a possível exceção de Shakespeare) defendeu que ela tivesse demonstrado o tipo de calor humano que se creditou a Marco Antônio. Não mais difamada, como foi por muitos séculos, ela agora é respeitada – mas respeito não é o mesmo que simpatia. Muito se falou sobre seu charme, porém, mais uma vez, charme não pode ser confundido com humanidade. Além disso, seu charme é quase sempre visto como uma arma contra os homens poderosos e desafortunados que cruzaram seu caminho. O relutante fascínio de Plutarco por ela, principalmente perto do fim do seu *Vida de Antônio*, não consegue encontrar nela nada tão tocante quanto a empatia e o amor que Marco Antônio demonstrou por seus soldados.

A literatura oferece muitos retratos dela como libertina e sedutora, mas não encontramos em nenhum autor clássico uma cena em que ela está interagindo com os filhos, dos quais nitidamente gostava muito e a quem fez de tudo para proteger. O que sabemos sobre sua relação com Cesarião diz respeito às tentativas de tê-lo reconhecido como filho de César e designado como seu sucessor. Apenas no filme *Cleópatra*, de 1963, Cesarião (que no filme parece ter sido filho único) assume um papel de mais destaque – e que apresenta várias imprecisões históricas. No filme, Júlio César é visto demonstrando afeição pela criança que, em vida, nunca reconheceu como filho. À altura da morte de Cleópatra, seu filho na tela é um belo menino de cabelos cacheados com aproximadamente 13 anos, quando, na realidade, tinha 18 na época em que a mãe morreu – ainda, até o final, tentando torná-lo seu herdeiro.

Enquanto as campanhas partas iam se deteriorando cada vez mais, foi surgindo uma catástrofe maior que a outra em termos de carnificina e horror. Os soldados de Marco Antônio passaram por um período de fome tão severo que foram obrigados a cavar a terra em busca de raízes e procurar alimentos selvagens, entre eles uma erva que os matou depois de deixá-los loucos. Ao comerem a erva, os soldados perderam a memória por completo e se ocuparam de levar pedras pesadas de um lugar para o outro, como se aquela fosse a tarefa mais importante do mundo. Emboscados pelos partas, enlouquecidos de sede, os sobreviventes beberam de um rio poluído e ficaram extremamente doentes. Na batalha que se seguiu, Marco Antônio perdeu milhares de soldados, tanto por doença quanto por ferimentos.

Os fracassos de Marco Antônio como líder foram tão drásticos que teria sido óbvio para ele que sua carreira militar estava essencialmente encerrada. Talvez ele pudesse ter se refugiado em Alexandria com Cleópatra se não tivesse sido arrastado para outra guerra – um combate mortal contra Otaviano, um conflito que não só condenaria os amantes, mas também colocaria um fim na independência do Egito.

Mais milhares de soldados pereceram enquanto Marco Antônio marchava pela paisagem invernal da Armênia, por fim chegando à costa do Mediterrâneo, onde esperou por Cleópatra. Mais uma vez, Plutarco inclui o tipo de detalhe impressionante que sugere que ele inventou o acontecido de que precisava ou teve acesso a um relato em primeira mão. Por mais que Marco Antônio tentasse apaziguar sua impaciência e ansiedade cedendo às celebrações regadas a bebidas e boemia, ele não parava de se levantar da mesa para ver se Cleópatra havia chegado. Finalmente, seu navio atracou no porto, onde ela distribuiu dinheiro e roupas para os soldados abatidos e desmoralizados de seu amante, e no qual Marco Antônio tentou projetar sua desastrosa derrota na campanha parta como vitória.

Uma notificação do rei dos medos prometeu a Marco Antônio que contribuiria expressivamente para uma campanha renovada contra os partas. No entanto, antes que ele pudesse partir, Otávia voltou para a história, dessa vez como um peão no plano de Otaviano para intensificar o conflito com Marco Antônio.

Quando a esposa e mãe amorosa pediu permissão ao irmão para se juntar de novo ao marido, Otaviano concordou – não, segundo Plutarco, por querer fazer a irmã feliz, mas porque suspeitava que Marco Antônio a maltrataria e estava procurando novas queixas contra seu companheiro triúnviro. Mais uma vez, Otávia é muito simpática, uma esposa romana leal, paciente, altruísta e sofredora que – sabemos desde o início – não tinha a mínima possibilidade de triunfar contra a perversa sedutora egípcia.

Ao parar em Atenas, a caminho de se encontrar com o marido, Otávia recebeu uma carta dele pedindo que ela permanecesse onde estava porque ele estava se dirigindo ao interior do país com seu exército. Então, a narrativa de Plutarco assume brevemente o ponto de vista de Otávia e podemos ver essa mulher inteligente e atenta iludindo a si mesma, sabendo uma coisa e fazendo outra. Ao perceber que Marco Antônio não estava sendo totalmente sincero – espiões haviam lhe dito que Cleópatra estava com ele –, essa mulher decente e injustiçada perguntou para onde deveria mandar a enorme quantidade de bagagem que pretendia levar para o exército de seu marido: presentes, roupas, animais de carga e 2 mil soldados.

O ponto de vista de Plutarco muda para se concentrar em Cleópatra, que, pela primeira vez, parece ter se sentido insegura. Preocupações passaram a atormentá-la com o passar dos anos, desde que recebera a ajuda de Júlio César contra seu irmão e navegara em sua barca dourada para persuadir Marco Antônio a reconsiderar a imperiosa convocação a Tarso. (Como nos lembra Shakespeare, ela não era mais jovem. Na realidade, estava com quase vinte anos a mais do que quando encantou César.) Logo Plutarco nos dá a passagem com que esse livro se inicia. Ao se preparar para uma guerra com a esposa de seu amante, temendo a nobreza e devoção de Otávia, Cleópatra "fingiu" estar loucamente apaixonada por Marco Antônio. Ela reforçou o drama romântico, agindo como se estivesse tentando impedir que ele visse que ela estava chorando. Instruiu seus criados a perguntarem como ele podia ser tão cruel, como podia favorecer uma mulher que havia se casado com ele apenas para agradar o irmão em detrimento de outra que o adorava e contava com ele, que morreria sem ele. Ela até fez uma dieta por ele – ato supremo de devoção.

Marco Antônio ficou impotente diante de suas farsas. O medo de que ela pudesse se matar é sugerido como uma das razões possíveis para o retorno dele a Alexandria. A essa distância, não podemos fazer especulações a respeito dos motivos de Marco Antônio, porém dá para imaginá-lo sendo atraído não só pelo desejo por uma Cleópatra mais magra e pelo empolgante drama que a cercava, mas também pela possibilidade de ter como aliada uma mulher que – diferentemente de sua amorosa e dedicada esposa – tinha uma grande riqueza e um suprimento constante de recursos naturais ao seu dispor e, além disso, era uma estrategista militar e naval experiente.

A esse ponto, ele era um general que tinha perdido batalhas críticas e também sofrido derrotas humilhantes. A continuação de seu conflito com Otaviano pode ter parecido inevitável e ele teria acolhido a chance de receber o auxílio e conselhos da rainha egípcia. Por outro lado, sua resistência à probabilidade (ou à possibilidade) de que um casamento estável com Otávia ajudasse a viabilizar uma paz duradoura sustenta o argumento que Plutarco vinha fazendo desde o início: de que Marco Antônio estava enfeitiçado por Cleópatra, encantado por seus poderes ocultos de sedução.

Como Otaviano previu, sua irmã foi desprezada pelo marido infiel e voltou a Roma, onde, apesar de tudo, suplicou para Otaviano não retomar a guerra contra Marco Antônio. Ela disse que compreenderia se o irmão tivesse as próprias razões para lutar contra o ex-aliado, mas o conflito não deveria levar em conta o fato de Marco Antônio ter escolhido Cleópatra em detrimento dela. Seria, ela disse, desprezível saber que os maiores líderes do mundo guerrearam por causa de uma mulher, um motivado pela paixão por Cleópatra e o outro por ressentimento.

Apesar das ordens do irmão para que saísse da casa de seu marido errante, ela se recusou a abandonar o lar que havia compartilhado com Marco Antônio. Ao contrário da rival egípcia, com suas ameaças e farsas, Otávia se comportava com uma dignidade impecável, morando na ex-residência de Marco Antônio e criando seus filhos. Serena, ela recebia os apoiadores de Marco Antônio, servindo de intermediária entre os emissários que iam a Roma e seu poderoso irmão. No processo, ela inadvertidamente virava os romanos contra um homem fraco e libertino, capaz de abandonar a esposa modelo pela pecaminosa rainha egípcia.

Plutarco é caracteristicamente atento às maneiras pelas quais o comportamento privado influencia a opinião pública e até que ponto o abandono de Otávia por Marco Antônio alimentou as suspeitas dos romanos sobre seus planos para o futuro do império. Ainda assim, Plutarco não nos dá espaço para questionar a motivação de Otávia quando nos garante que essa mulher nunca teve a intenção de que sua graça e paciência colaborassem para a vergonha de Marco Antônio.

Assim, a irmã do triúnviro e esposa do general conseguiu ter uma visão mais ampla, mais comedida e mais admirável da situação do que seu irmão ou seu marido. Independentemente do resultado, poderíamos dizer que, nesse ponto no *Vida de Antônio* – e na história de Cleópatra –, as duas principais mulheres não são só mais espertas, mas também mais sábias do que os dois homens, que não conseguem pensar além da tradicional e reflexiva luta por terras e poder, do extremo de matar ou ser morto.

Enquanto isso, a frase de Otávia – "a menos que [Otaviano] tivesse as próprias razões" – foi significativa. Plutarco sugere que o fato de Marco Antônio tratar mal a esposa não passou de um pretexto para as contínuas agressões de Otaviano. A indignação em nome da irmã pode ter alimentado suas suspeitas e ressentimentos; isso não temos como saber. No entanto, independentemente de acreditarmos ou não que as mulheres tinham alguma responsabilidade e controle ou eram apenas peões em um jogo que teria sido jogado sem elas, podemos ter certeza de que as duas que rivalizavam pela afeição de Marco Antônio tiveram um papel muito maior do que o de grande parte das mulheres da época.

Desse momento em diante, podemos ver a brilhante rainha egípcia tomar uma série de decisões que parecem – principalmente em contraste a seu exercício anterior (e mais sagaz) da política – ter sido motivadas por forças mais irracionais, emocionais e, em última instância, desesperadas do que tudo que havia feito até então. Ela parece ter acompanhado as tentativas de Marco Antônio de elevar seu orgulho, de se colocar como vitorioso, de se provar capaz de derrotar Otaviano e negar o fracasso de suas recentes investidas militares – esforços para salvar sua honra que Cleópatra decerto sabia que tinham relação apenas distante e superficial com a realidade de sua situação.

No outono de 34, Marco Antônio e Cleópatra irritaram ainda mais Otaviano e o povo romano ao encenarem uma cerimônia extremamente elaborada e espetacular que viria a ser conhecida como Doações de

Alexandria. A ocasião, afirmou-se, pretendia ser uma celebração da vitória de Marco Antônio contra o rei da Armênia.

Sentada em um trono dourado, Cleópatra foi convidada para assistir a uma procissão exibindo os espólios e prisioneiros capturados durante a guerra, entre eles o rei da Armênia, que estragou o clima festivo recusando-se a ajoelhar diante da rainha egípcia. Contudo, Marco Antônio se juntou à amante no próprio trono dourado e a proclamou "Rainha dos Reis" e "a Nova Ísis", tendo enfatizado a associação dela à deusa egípcia, uma conexão que Cleópatra havia mantido desde os primeiros anos de seu reinado. Cleópatra estava vestida como a deusa e dizem que Marco Antônio trajava-se tal qual Dionísio, cujo significado na cosmologia helenística e na carreira de Marco Antônio nós já vimos.

Os quatro filhos de Cleópatra também ocupavam tronos dourados, e Cesarião foi designado "Rei dos Reis", um título que Marco Antônio também deu a seus dois filhos com Cleópatra. As crianças estavam vestidas de forma elaborada, até mesmo absurda, ao se apresentarem para receber como presente os territórios que estavam sendo conferidos a elas. Alexandre Hélio recebeu Armênia, Média e – supondo que seu pai seria mais vitorioso no futuro do que havia sido no passado – Pártia. Vestido como Alexandre, O Grande, em miniatura, Ptolomeu Filadelfo recebeu Síria, Fenícia e Cilícia, enquanto sua irmã Selene, gêmea de Alexandre, foi recompensada com uma porção de Cirene (atual Líbia).

A cerimônia foi peculiar, uma sucessão de atos impensados que o casal protagonizaria nesses seus últimos anos. Além de as terras que distribuíram não pertencerem a eles, a sabedoria de dar países a crianças era questionável. Estaria Cleópatra cansada de apaziguar Roma? Será que ela e Marco Antônio imaginaram que chegara o momento de provocar uma guerra que não podiam vencer? Eles tinham começado a sentir que estavam sendo encurralados e viram as Doações como uma proclamação pública e um voto privado de comprometimento um com o outro? As Doações de Alexandria marcaram uma espécie de divisor de águas, depois do qual o conflito com Otaviano ficou cada vez mais tempestuoso e a distância entre Egito e Roma começou a parecer irreconciliável.

Independentemente do verdadeiro propósito, o evento só poderia ter sido interpretado por Roma como um insulto e uma provocação, e nisso com certeza teve sucesso. Reforçou a antipatia de Otaviano por Marco Antônio e a desconfiança dos romanos em relação às ambições territoriais e políticas de Cleópatra. O acontecimento sugeriu que a mais profunda lealdade de Marco Antônio não era a Roma, mas ao Egito. Pode-se dizer que isso contribuiu para o colapso – a derrocada – que acabaria arruinando o casal humano que fez de tudo para estabelecer um status divino.

A falta de aprovação popular da conduta de Marco Antônio como marido foi exacerbada pelo desdém que demonstrou quando Otaviano notificou ao Senado sobre as Doações de Alexandria: a pompa ridícula, o exibicionismo sem sentido e a afronta implícita (ou explícita) a Roma.

Depois das Doações, Marco Antônio e Otaviano passaram a trocar cada vez mais insultos e acusações. Otaviano insistia que Marco Antônio e Cleópatra haviam se casado ilegalmente enquanto Marco Antônio ainda estava casado com Otávia. Como era de se esperar, e por motivos óbvios, ele ignorou a alegação de Cleópatra de que Cesarião era herdeiro designado de César. Mais uma vez, podemos nos perguntar como não ocorreu a Cleópatra que sua briga para estabelecer seu filho metade egípcio como sucessor legítimo de César não só estava destinada ao fracasso, como efetivamente significaria a ruína do rapaz.

Polemistas romanos intensificaram os ataques a Cleópatra, tendo citado a decadência e devassidão de sua corte e seu suposto uso de magia para seduzir e controlar Marco Antônio. Um dos aliados de Otaviano, Caio Calvísio Sabino, foi acusado de ter roubado 20 mil pergaminhos da biblioteca de Pérgamo e entregado-os de presente a Marco Antônio e Cleópatra durante um banquete em que Marco Antônio havia se emasculado ainda mais – se isso fosse possível – ao levantar para massagear os pés de sua amante.

Enquanto isso, Cleópatra era obrigada a continuar com seus deveres cotidianos e lidar com as responsabilidades necessárias para o funcionamento de seu reino. Acredita-se que o único exemplo do que se supõe ser sua caligrafia – sua assinatura em um papiro isentando um dos aliados de Marco Antônio de um imposto sobre a terra que possuía e sobre o trigo e vinho que estava importando – date desse período, que parece ter sido instável e tenso.

Quando uma nova onda de hostilidades com Otaviano parecia inevitável, Marco Antônio viajou a Éfeso, onde ele e Cleópatra reuniram e equiparam um exército e uma marinha de peso. De acordo com Plutarco, Cleópatra forneceu duzentos navios ao amante, provisões suficientes para alimentar todo o exército e uma generosa soma de dinheiro.

Embora Marco Antônio tentasse persuadir Cleópatra a voltar para casa, dizem que ela temia que os encantos de Otávia pudessem parecer mais intensos em sua ausência. Ela convenceu Marco Antônio de que seria mais prudente mantê-la por perto como conselheira; afinal, era ela, e não Otávia, que tinha experiência em travar guerras e governar um reino. É possível imaginar facilmente que isso tivesse agradado Marco Antônio: a companhia de uma apoiadora leal e poderosa em que ele confiava e que o ajudaria a planejar o que prometia ser um conflito difícil, uma luta que parecia duplamente desafiadora na sequência de sua recente derrota em Pártia.

De Éfeso, Marco Antônio e Cleópatra navegaram até a ilha de Samos e lá se distraíram com mais festividades. Bois foram sacrificados. Companhias de atores e músicos foram importadas de todas as partes do império e reunidas de modo que, nota Plutarco, "enquanto quase o mundo todo em volta estava repleto de gemidos e lamentações, essa ilha ressoou por muitos dias com flautas e harpas, teatros cheios e coros competindo... e os homens começaram a se perguntar como os conquistadores comemorariam a vitória, se realizavam festividades tão extravagantes no início da guerra".

Distração deve ter sido o motivo principal deles, já que Cleópatra e Marco Antônio se esforçavam para esquecer o que o conflito que se agravava com Otaviano poderia anunciar para seu futuro. Podemos presumir que a rainha egípcia estivesse por trás do pedido de Marco Antônio por um divórcio formal de Otávia, uma provocação que dificilmente seria vantajosa para ele.

No entanto, embora isso tenha sido visto como uma exigência de demonstração externa de lealdade por parte de uma amante cada vez mais possessiva, novamente não podemos estimar o quanto a estratégia de Cleópatra era baseada em um desejo sensato de garantir certa margem de segurança para si, seus filhos e seu país. A essa altura, o sentimento oficial e público em Roma contra Cleópatra era tão forte que ela pode muito bem ter temido que qualquer reconciliação entre Marco Antônio e Otávia – e, por extensão, Otaviano – pudesse significar que seu amante e o antigo inimigo dele uniriam Roma inteira contra ela.

Em seguida, o casal visitou Atenas para mais uma rodada de festividades. Lá, Cleópatra tentou, sem muito sucesso, voltar a opinião pública contra Otávia, que era popular na cidade. Esse foi apenas um entre os esforços mal concebidos e decisões insensatas que o casal fez durante esse período, ações que sugerem que a emoção, e não a ponderação, conduziu seu comportamento. Não seria benéfico para Marco Antônio, nem para ninguém, insistir, como ele fazia agora, que Otávia fosse despejada da casa deles em Roma. Podemos presumir que a rainha egípcia estava por trás de um ato que só poderia ter sido motivado pelo ciúme de uma amante, e não por uma preocupação sensata com relações públicas.

Levando todas as crianças – exceto o filho de Marco Antônio com Fúlvia, que estava em Atenas com o pai –, Otávia deixou a casa aos prantos. Ela temia ser considerada uma das causas da guerra, e novamente foi vista com grande simpatia pelos romanos, embora Plutarco observe que era de Marco Antônio que as pessoas tinham mais pena, por ter sido escravizado pela rainha egípcia.

Plutarco, então, indica a sucessão de erros que levou à derrota de Marco Antônio. O primeiro foi quando ele se dispersou com festividades, um intervalo que deu a Otaviano, que não estava preparado para uma guerra em grande escala, ampla oportunidade de se organizar. Esses preparativos foram feitos, em parte, com a cobrança de impostos pesados e impopulares destinados a financiar o exército e a marinha.

Por mais que amasse seus soldados e fosse amado por eles, Marco Antônio parece ter sido imprudente na escolha de companheiros e confidentes. Quinto Délio passaria para o lado de Otaviano na esperança de pegar um vento mais favorável e não foi o único. O secretário de Marco Antônio, Lúcio Munácio Planco, voltou para Roma com a sugestão de que Otaviano examinasse o testamento de Marco Antônio. Aquele documento poderia ser uma falsificação, visto que tão perfeitamente suscitava os receios dos romanos. Os senadores para quem Otaviano leu o testamento em voz alta ficaram horrorizados com a cláusula que dizia que, depois de sua morte, o corpo de Marco Antônio deveria ser enviado a Alexandria, mesmo se ele morresse em Roma. Ao ecoar os rumores que antes se referiam ao relacionamento entre Júlio César e Cleópatra, agora se dizia que Marco Antônio estava conspirando para mudar a capital do império de Roma para Alexandria.

Boatos ainda mais depreciativos se espalharam por Roma, oferecendo indícios de que a submissão a Cleópatra havia deixado Marco Antônio inepto para executar seus deveres políticos e militares. Supostamente, ele havia parado no meio de um julgamento no tribunal para ler notas de amor, gravadas em ônix e cristal, que recebera de Cleópatra. Alega-se que ele saiu no meio de outro julgamento para acompanhar a liteira dourada em que Cleópatra estava sendo carregada pelo Fórum, tendo se pendurado na beirada dela.

Um amigo de Marco Antônio, Gemínio, viajou até a Grécia para pedir que ele agisse antes que fosse declarado inimigo do povo romano, mas Cleópatra aparentemente suspeitou que ele estivesse trabalhando para Otávia. Depois de beber bastante em um jantar, exigiram que confessasse a verdade sobre o que o havia levado a terras gregas e, quando ele disse que estava embriagado demais para responder, à exceção de sugerir que tudo melhoraria se Cleópatra fosse mandada de volta ao Egito, Marco Antônio ficou furioso e Cleópatra observou que Gemínio tivera sorte de ter escapado de ser torturado.

Dada a nova saraivada de insultos que Otaviano dirigira a Marco Antônio – que ele deveria desistir oficialmente do poder que já havia cedido a uma mulher; que ele estava sob a influência de drogas, em teoria, administradas por Cleópatra –, não é de se estranhar que escorresse suor sem parar (como um sinal nefasto) de uma escultura de mármore de Marco Antônio em Alba. Outros maus presságios se seguiram. Uma cidade que Marco Antônio tinha colonizado desapareceu em um sumidouro. Na Acrópole, estátuas dos deuses mais sagrados para Marco Antônio e Cleópatra foram atingidas por raios. E o mais sinistro de tudo, andorinhas fizeram ninhos na capitânia de Cleópatra, mas foram expulsas por outras andorinhas, que destruíram todos os filhotinhos.

Os exércitos se prepararam para o conflito direto. Dizem que Marco Antônio reuniu quinhentos navios, 100 mil soldados e 12 mil cavaleiros. Aliados foram convocados na Líbia, Cilícia, Capadócia, Trácia e outros lugares e alistados para combater ao lado dele. Otaviano estava menos bem armado e bem preparado, com menos navios, porém contava com mais soldados que seu oponente.

Agora, Marco Antônio se preparava para cometer o erro que selaria sua desgraça – um erro de julgamento crítico pelo qual Plutarco e a história culpariam os maus conselhos e a influência insidiosa de Cleópatra. Embora Marco Antônio tivesse vantagem numérica naval, seus navios eram menos eficientes e menos bem equipados para batalha – e seus marinheiros, não tão bem treinados – do que os de Otaviano. Além disso, segundo Plutarco, foi a posição de Marco Antônio como "mero apêndice" de Cleópatra que o fez concordar com a insistência dela de que a guerra fosse travada no mar.

Assim nos aproximamos da Batalha de Áccio, nome que ressoa pela história, como o de outros momentos decisivos, vitórias e derrotas críticas: Waterloo, Hastings, Little Bighorn, Gettysburg. A Batalha de Áccio marcou uma grande virada – para pior – no destino de Cleópatra.

Depois de Áccio, a narrativa desvia para o trágico e a narrativa da vida de Cleópatra torna-se uma história de derrota, traição, mais traição, aflição e desespero, tudo isso exacerbado pelo fato de não sabermos nada do que ela pensou e quase nada do que disse, então devemos intuir o crescente pânico e medo quase totalmente pelos indícios do que a rainha egípcia fez.

Na preparação para a luta, Otaviano fez várias tentativas de neutralizar as hostilidades, tentativas de diálogo às quais Marco Antônio respondeu com desdém e insultos que incluíram uma sugestão de que os dois líderes resolvessem a questão em um combate mano a mano. Os conselheiros de maior confiança de Marco Antônio sugeriram que ele mandasse Cleópatra embora e, levando em consideração a força superior de sua infantaria e sua relativa inexperiência em batalhas navais, conduzisse a guerra para a terra. Cleópatra, porém, venceu não (segundo Plutarco) por se preocupar com Marco Antônio, mas porque já havia antecipado a derrota e estava de olho na estratégia de fuga mais rápida para si própria.

Planejar uma derrota militar desastrosa parece uma forma imprudentemente elaborada e tola de uma rainha sagaz se livrar de um amante, mesmo que ele estivesse começando a se tornar um estorvo. Mais tarde, ela tentaria convencer Otaviano de que preferia ele a Marco Antônio. Podemos imaginar que, enquanto se preparava para encontrar Marco Antônio em Áccio, Otaviano teria visto as óbvias vantagens da deserção de Cleópatra, que poderiam de fato ter encerrado a guerra. Cleópatra devia saber disso. Um dos enigmas que nunca poderão ser decifrados é o porquê de ela ter encorajado Marco Antônio a travar uma guerra de uma forma que ela deve ter suspeitado que acabaria em derrota.

Sem marinheiros o suficiente para tripulá-los, Marco Antônio ateou fogo em mais de cem navios egípcios e ignorou as súplicas de um centurião que tinha lutado em muitas de suas guerras e implorou que ele combatesse em terra. O clima inclemente forçou um atraso de muitos dias, mas por fim a batalha começou. Os navios fortemente blindados se chocaram e o confronto pareceu mais um ataque a uma cidade murada do que um confronto naval. Embora os navios de Marco Antônio fossem maiores e mais reforçados, os de Otaviano eram mais rápidos e capazes de cercar – e atacar – cada navio inimigo em grupo.

Então, o impensável aconteceu – ou pelo menos o que ninguém poderia esperar, à exceção de Cleópatra. Seus sessenta navios içaram as velas, atravessaram as linhas de frente e fugiram da batalha, seguindo na direção do Peloponeso. Quando Marco Antônio viu o que estava acontecendo, virou o próprio navio e foi atrás de Cleópatra.

> Foi aqui que Marco Antônio deixou claro que não era governado pelos motivos de um líder nem de um homem corajoso, nem ao menos pelo próprio julgamento; em vez disso, como alguém brincou dizendo que a alma de um amante vive no corpo de outra pessoa, ele foi arrastado pela mulher como se tivesse nascido parte dela e devesse ir aonde quer que ela fosse. Pois assim que viu o navio dela indo embora, esqueceu-se de tudo, traiu e se afastou daqueles que estavam lutando e morrendo por ele e foi... perseguir a mulher que havia iniciado sua ruína e logo a concluiria.

Plutarco não consegue superar isso. Marco Antônio está além do perdão e Plutarco só consegue reagir encolhendo o poderoso romano ao tamanho de um homúnculo: uma alma cativa. Marco Antônio foi privado de todo arbítrio, tendo arruinado sua carreira e sua reputação, e estava prestes a acabar com a vida de escravo amoroso humilhado da rainha egípcia.

Na era romana – talvez em qualquer época –, pouca coisa podia ser mais vergonhosa ou chocante do que um líder abandonar seus homens para ir atrás de uma mulher. No século I a.C., a atitude de Marco Antônio pode ter parecido mais extrema do que seria hoje; certamente, foi mais incomum, dados o status inferior da mulher romana e a pouca consideração que se tinha por ela. No entanto, nunca houve um tempo em que o mundo aplaudiu um homem por ter feito o que Marco Antônio fez. As incidências de líderes do sexo masculino sacrificando tudo por uma mulher foram raras a ponto de poderem ser contadas nos dedos de uma mão. A abdicação do trono britânico por Eduardo VIII, em razão de seu amor pela americana divorciada Wallis Simpson, foi recebida com furor em 1936. Ele estava apenas saindo da linha de sucessão, não abandonando uma frota de navios de guerra e milhares de marinheiros à própria morte. Os soldados de Marco Antônio, muitos dos quais haviam vivenciado sua liderança compassiva e responsável, a princípio não conseguiram acreditar que ele os desertara e permaneceram em seus postos por dez dias até que, abandonados por seu general, Públio Canídio Crasso, passaram para o lado de Otaviano.

A história contribuiu para o mito da Cleópatra estranhamente poderosa e destrutiva, a mulher que Dante mandou para o inferno e que autores posteriores condenariam por ganância, crueldade e excessos. Áccio é a reviravolta na narrativa em que, para esses autores, Cleópatra revela sua "verdadeira" natureza de mulher capaz de destruir um homem – não só um homem, mas um romano; não só um amante, mas um general e um triúnviro. Ela pode ter ordenado a morte de dois irmãos e dado início a uma guerra em que um terceiro foi morto, porém isso era diferente. Se alguém estiver procurando argumentar contra a rainha egípcia – como muitos fizeram –, esse é o acontecimento que revela seu potencial para a traição e a maldade.

Apesar de Marco Antônio ter sido aceito a bordo do navio de Cleópatra, ela não o cumprimentou e eles se ignoraram. Em mais um detalhe oferecido por Plutarco que sugere a presença de uma testemunha ocular ou uma imaginação fértil, ele foi até a proa do navio e se sentou sozinho, em silêncio, apoiando a cabeça entre as mãos. Mais do que a imagem do brincalhão que se disfarçava de criado, mais até do que aquela do orador incitando os companheiros romanos à violência depois do assassinato de César, essa representação de Marco Antônio – sozinho, em silêncio, segurando a cabeça, sem dúvida contemplando o fim de sua carreira militar e, possivelmente, sua vida – é a que permanece conosco.

Marco Antônio saiu de seu isolamento e sofrimento só uma vez, para um breve confronto hostil com Êuricles, um espartano que ameaçou arremessar uma lança nele de um navio próximo e anunciou que estava vingando a morte de seu pai, que Marco Antônio havia decapitado como punição por roubo. Êuricles então atacou e tomou posse de outro navio de um almirante de Marco Antônio, carregado com utensílios domésticos caros – um ataque que deve ter aumentado ainda mais a humilhação de Marco Antônio. Ele então voltou à sua solitude e silêncio, recusando-se a falar com Cleópatra, embora não estivesse claro se ele estava zangado com ela ou envergonhado em sua presença.

Só quando eles aportaram em Tênaro, no sul do Peloponeso, que as criadas de Cleópatra intermediaram algum tipo de reconciliação entre os amantes e eles concordaram em comer e dormir juntos.

Enquanto isso, em Áccio, a frota de Marco Antônio reconhecia a derrota.

A Batalha de Áccio favoreceu a expansão do Império Romano e efetivamente acabou com o constructo cada vez mais questionável de um Egito ptolomaico independente. Apesar de séculos de especulação, ninguém ofereceu uma explicação conclusiva de por que Cleópatra pegou seus navios e partiu.

Tendo em vista seu passado e histórico, seria improvável que ela fugisse por mero instinto e terror. Alguns sugeriram que ela tinha a bordo uma quantidade significativa de tesouros que estava relutante em sacrificar. Também foi teorizado, não sem razão, que ela decidiu salvar a própria vida e o que mais pudesse preservar quando viu que a derrota seria inevitável. Por que ela e seus marinheiros deveriam morrer por uma rixa partidária entre dois romanos? Tinha sido mesmo ideia de Cleópatra combater Otaviano no mar? Nunca saberemos seus motivos. Podemos supor que sua traição a Marco Antônio não foi intencional, já que a vitória dele permitiria que ela sobrevivesse e possibilitaria que a autonomia de seu país aguentasse pelo menos mais um tempo. Seu futuro sob o governo de Otaviano prometia ser amargo.

Depois da vitória, Otaviano viajou a Atenas, onde ajudou a garantir a lealdade dos atenienses distribuindo o que havia sobrado dos suprimentos de grãos. O bisavô de Plutarco, Nicarco, que estava na Grécia na época, descreveu o alívio das pessoas quando souberam que Marco Antônio não estava mais no poder, pois ele ordenara que seus soldados açoitassem os trabalhadores desafortunados forçados a carregar grãos para seus navios.

Só quando chegaram à costa da Líbia, Cleópatra finalmente se dirigiu para o Egito. Marco Antônio permaneceu sozinho, vagando sem rumo, contemplando suas perdas recentes e seu futuro incerto. Ao voltar a Alexandria, ele – cujo general encarregado das operações na Líbia tinha passado para o lado de Otaviano – decidira se matar e só mudou de ideia com a intervenção de amigos. Várias vezes, Marco Antônio solicitou a seus homens que o matassem, um pedido imprudente e preocupante que resultaria, no fim das contas, no pesadelo grotesco de sua morte.

Cleópatra foi obrigada a assumir o controle quando Marco Antônio, ao sucumbir ao desespero e à derrota, recolheu-se em um casebre que tinha construído na praia, onde pretendia viver o restante da vida como ermitão. É difícil imaginar que isso não tenha alertado Cleópatra para o fato de que Marco Antônio provavelmente era mais um estorvo e um fardo do que uma ajuda.

O comportamento de Cleópatra sugere que ela estava ficando cada vez mais desesperada. Até aquele momento, agira com muita ponderação, como uma jogadora de xadrez experiente planejando a sequência de movimentos com mais chance de produzir o resultado mais favorável. No entanto, a deserção e a dissidência de Marco Antônio parecem ter abalado sua confiança e determinação. Parte de seu brilhantismo como política derivava de sua capacidade de identificar e captar os aliados mais confiáveis. Naquele momento, porém, deve ter parecido que não havia mais nenhuma fonte visível nem viável de conselhos, de apoio pessoal ou militar – como se não tivesse sobrado ninguém para seduzir ou deslumbrar para ajudá-la.

Por mais que possamos nos irritar com Shakespeare por ter retratado a rainha de 39 anos como alguém chegando à velhice, é possível imaginar que depois de ter governado por duas décadas, sobrevivido às demandas e pressões intensas de sua posição, ela pode ter se sentido cansada. Ela tinha acabado de fugir de uma guerra em que seu amante e principal aliado fora derrotado de maneira desonrosa, desgraçando a si mesmo e destruindo sua reputação ao correr atrás de uma mulher em vez de ficar para lutar ao lado de seus homens. Agora ele havia se refugiado em uma cabana na praia. Pela primeira vez desde que convenceu Júlio César a ajudá-la a derrotar seu irmão e se aliou a Marco Antônio, ela teve que enfrentar a velha ameaça – a expansão imperial romana – sem nenhum romano influente para interceder a seu favor. E mesmo que sua independência, sua sobrevivência e a integridade de seu país parecessem ameaçadas, ela ainda estava determinada a garantir que seus filhos não sofressem nem morressem com ela.

Seu primeiro instinto foi fugir – abandonar o país que amava, as pessoas que contaram com ela por duas décadas. Considerou ordenar que seus soldados e marinheiros arrastassem a frota pelo istmo que separava o Egito do Mar Arábico. Mesmo que isso significasse deixar o Egito para sempre, ela poderia pelo menos agir como uma espécie de isca, atraindo a fúria de Roma para si e permitindo que seus filhos continuassem a governar. Tudo indica que levaria tesouros consigo, de modo que Otaviano não pudesse mais ser motivado pela ganância pelo ouro e joias que sabia, ou imaginava, que ela possuía. Cleópatra, contudo, não poderia acreditar seriamente que, depois de tudo o que havia acontecido, Roma fosse querer continuar mantendo um relacionamento com seus "amigos e aliados" entre os Ptolomeus.

Como era esperado, o plano de fuga de Cleópatra se mostrou impraticável e ela não teve escolha a não ser se unir a seu desanimado e cada vez mais inútil amante. Ao saber que seus soldados e apoiadores o haviam abandonado e que ele não tinha mais poder nenhum fora do Egito, Marco Antônio foi convencido a deixar sua cabana e voltar ao palácio real. Lá, ele e Cleópatra se distraíram com mais banquetes e festas e, junto de amigos, fundaram uma associação nefasta que chamaram de "Parceiros na Morte" – aparentemente, um tipo de pacto de suicídio em massa entre associados que concordaram que estavam dispostos a morrer juntos.

Mesmo ao preparar Cesarião para governar em seu lugar e tentar encontrar um refúgio para onde ela e Marco Antônio pudessem escapar, Cleópatra parecia estar se preparando para a morte. Supostamente, ela começou a fazer experiências com vários venenos, testando-os em prisioneiros condenados. Sendo ou não verdade, a história serviu de tema para a monumental pintura de Alexandre Cabanel, *Cleópatra testando venenos em prisioneiros condenados* (1887), uma obra que mede 1,65 × 2,80 metros. Uma parte dela adorna a capa da edição de 2010 da biografia *Cleopatra*, de Duane W. Roller, publicada pela Oxford University Press. Reclinada na diagonal, Cleópatra não poderia estar mais adorável, uma beldade sensual de cabelos escuros, mais ou menos nua da cintura para cima, com seios pálidos e iluminados. Sua coroa é ornamentada com uma pequena naja e ao redor dos quadris arredondados há camadas de saias diáfanas de cores vivas. As pernas estão esticadas na frente do corpo e ela se encontra apoiada em um dos braços, esticando o outro languidamente sobre o alto do divã vermelho e dourado. Sobre o tapete ao seu lado, há um leopardo com olhos verdes brilhantes. Com um buquê de flores pendendo dos dedos, ela olha para a direita, para alguma coisa que não podemos ver no detalhe da obra. Vemos seu braço desnudo e uma criada, também nua da cintura para cima, abanando-a.

Em uma parte da pintura que não aparece na capa, um homem se contorce no chão em agonia e um homem morto é carregado por dois criados, cujo cadáver pende entre ambos. *Cleópatra testando venenos em prisioneiros condenados* é um exemplo de orientalismo em sua forma mais notória. A imagem está informando seus espectadores (ou confirmando a visão que têm) de que a vida não vale nada no Oriente, onde, se uma rainha está pensando em se matar, ela pode testar os venenos em cobaias humanas para encontrar a forma menos dolorosa – ou, se assim preferir, a mais tortuosa – de acabar com uma vida. A beleza de Cleópatra, sua nudez parcial, sua sensualidade, o brilho das cores e seu desdém pelo assassinato casual se encaixam em todos os estereótipos que o Ocidente criou sobre o Oriente e oferece mais "indícios" para reforçar o sentimento romano de que a conquista imperial era uma solução necessária para os excessos e males endêmicos da África e da Ásia.

Até a ideia de envenenamento era considerada suspeita e característica do Oriente, embora essa prática fosse comum por todo o Ocidente desde a Antiguidade até o momento atual, mais notavelmente entre os agentes de Vladimir Putin. Apesar de indícios contrários, o envenenamento também era considerado um meio particularmente feminino de cometer suicídio ou eliminar um inimigo, embora pareça ser uma arma de igual oportunidade.

O tema de Cabanel não foi original. Plutarco se estende a respeito das pesquisas de Cleópatra com humanos e animais. Depois de formar e integrar o "Parceiros na Morte", ela se manteve ocupada,

> reunindo todo tipo de veneno mortal e fazendo testes para encontrar um que fosse indolor por meio da administração em prisioneiros condenados à morte. Quando viu que aqueles que agiam de forma rápida provocavam mortes dolorosas, enquanto os mais brandos agiam devagar, ela então testou em animais selvagens, observando-os enquanto atacavam uns aos outros. Cleópatra fazia isso todos os dias; e, ao testar todos eles, descobriu que apenas a picada da víbora-áspide causava sonolência e letargia, sem convulsões ou gemidos, produzindo apenas um leve suor no rosto, enquanto as faculdades lentamente iam diminuindo e se anuviando.

O pintor poderia ter escolhido qualquer uma dessas cenas de Plutarco em que a rainha aparece, mas aquela estimulou sua imaginação – ou talvez esperasse que a combinação de sexo e morte pudesse ser mais comercial. Se nos perguntarmos por que Cleópatra foi considerada uma feiticeira lasciva que trocava o corpo por poder e arruinou a vida de dois homens heroicos, basta olhar para essa pintura para compreender a razão de se acreditar que ela mereceu a picada da cobra venenosa. Em contrapartida, é difícil imaginar essa moça lânguida e bela construindo uma cidade, vencendo uma guerra contra seu irmão, agindo como diplomata, governando um país e criando quatro filhos.

Por mais que possamos descontar as fantasias e projeções dos pintores e escritores posteriores, evidências sugerem que o tema do suicídio – a forma mais rápida e menos dolorosa de morrer – pairou pesadamente no ar do palácio real durante os últimos meses de Cleópatra.

Capítulo 6
A serpente

Cleópatra e Marco Antônio ficaram cada vez mais desesperados ao tentarem negociar com Otaviano, que, depois da derrota humilhante do casal em Áccio, tinha poucos motivos para negociar com eles. Ainda assim, ambos continuaram a implorar pela clemência de um oponente conhecido por ser inclemente, cujo histórico mostrava até onde se dispunha a ir em nome da vingança. Na guerra contra os assassinos de César, um prisioneiro implorou que seu corpo fosse enterrado depois da execução e Otaviano disse que deixaria essa questão para os pássaros. Ele obrigou um pai e um filho a decidirem qual dos dois morreria primeiro, depois os matou, um após o outro. A trezentos prisioneiros que suplicaram pela vida, ele disse: "Vocês devem morrer" e massacrou-os. Isso vai contra a ideia, tão importante a Júlio César e outros, de que um indicador da superioridade romana era a compaixão que eles – ao contrário de seus inimigos bárbaros – demonstravam para com os oponentes conquistados.

A preocupação mais urgente de Otaviano nas negociações com Marco Antônio e Cleópatra era garantir que o casal não recuperasse as forças e continuasse a guerra. As probabilidades de que isso nunca acontecesse podem parecer avassaladoras, a menos que consideremos a crença dos romanos de que a rainha egípcia era capaz de magia. Eles também tinham certa preocupação de que o casal derrotado pudesse se refugiar em uma região (possivelmente a Gália) que os aceitasse e recebesse o ouro de Cleópatra. Otaviano temia que a fortuna dela escapasse para sempre do alcance de Roma.

Conforme Marco Antônio ficava mais melancólico e menos útil, a rainha parecia entender que não estava lutando só por seu país, mas por sua vida e pela vida de seus filhos. No relato de Dião Cássio, Marco Antônio parece cada vez mais patético. Ao apelar para Otaviano, de homem para homem, ele defendeu "sua conexão com a mulher egípcia e relatou todas as aventuras amorosas e brincadeiras de juventude que eles haviam compartilhado" (livro 51), aparentemente esquecendo que essa era a última coisa que ele deveria estar dizendo a um líder que, apesar das próprias infidelidades, orgulhava-se de ser íntegro e ético.

Todas as tentativas de diálogo de Marco Antônio com Otaviano receberam respostas que eram, no máximo, sarcásticas e desdenhosas. Quando Marco Antônio voltou a propor a Otaviano um combate mano a mano, Otaviano respondeu que Marco Antônio teria que encontrar outra forma para se matar. Marco Antônio se ofereceu para cometer suicídio se Cleópatra pudesse viver. O fato de ele estar com tendências suicidas desde a derrota em Áccio torna esse sacrifício voluntário consideravelmente menos altruísta e drástico do que poderia ser.

Marco Antônio enviou Antilo, seu filho com Fúlvia, para fazer um generoso pagamento, que Otaviano confiscou antes de mandar Antilo de volta sem nada. Os presentes de Cleópatra para Otaviano incluíram um trono de ouro, uma coroa e um cetro, sinais de sua disposição a ceder sua relativa independência em troca... do quê? Por baixo de tudo estava a crescente percepção de Roma de que o Egito era fraco, que sua liderança era caótica e que ele poderia ser obtido por quase nada, com a perda de poucas vidas romanas.

A anexação do Egito seria um golpe que consumaria o que os predecessores de Otaviano haviam apenas cogitado, uma conquista que seria um passo na direção de Otaviano se transformar no Imperador Augusto: o novo título que receberia do Senado em 27 a.C., três anos depois da morte de Cleópatra.

Cleópatra parece ter tentado todas as opções possíveis. Talvez ela e Marco Antônio pudessem viver como cidadãos comuns e o Egito pudesse ser entregue a seus filhos. Na improvável esperança de que isso fosse possível, Cleópatra intensificou a preparação de Cesarião como seu substituto. A geralmente engenhosa e esperta rainha colocou um desejo ilusório acima do bom senso, imaginando que Otaviano seria receptivo a um rei do Egito criado pela mãe para acreditar que era o herdeiro de César por direito.

Otaviano e Cleópatra passaram a deixar Marco Antônio de fora de suas comunicações e a cogitar a ideia de mandar matá-lo. Não fica claro se Otaviano cultivava um ódio especial por seu ex-companheiro triúnviro, que tinha se envolvido com a egípcia e se voltado contra ele. Estaria Otaviano apenas brincando com Cleópatra por saber que já tinha vencido? Será que ele imaginava que ela acreditaria que entregar Marco Antônio significaria que seria poupada – levada a Roma acorrentada como troféu humano, prova do triunfo de Otaviano? Ele poderia ter imaginado que isso seria uma opção para ela? Entre as reviravoltas que cercaram aqueles meses terríveis está mais um detalhe improvável: Otaviano se esforçou para convencer Cleópatra de que havia se apaixonado por ela e que o romance floresceria se ela fosse com ele para Roma.

Até Plutarco, tão relutante em simpatizar com Cleópatra, é movido pelo pânico que se agrava nesses últimos meses. Ele conta a história detalhadamente, parando para apresentar personagens secundários. Entre eles está Tirso, um dos homens libertos de Otaviano que, embora não fosse tão inteligente, foi enviado a Alexandria como uma espécie de espião, designado a conspirar com Cleópatra em um plano para eliminar Marco Antônio.

Cleópatra e Tirso passavam tanto tempo juntos se comunicando em segredo que Marco Antônio ficou desconfiado, mandou açoitá-lo e o enviou novamente a Otaviano com uma mensagem dizendo que a insolência de Tirso o havia irritado em um momento em que ele já tinha muito com que se enervar. Há algo de lamentável nisso, pois Marco Antônio coloca a culpa da surra em Tirso – um homem que ele imaginava estar tramando com sua amante para matá-lo – em sua instabilidade emocional. Além disso, Marco Antônio disse a Otaviano que ele estaria livre para açoitar um de seus homens a fim de que ficassem quites.

Cleópatra reagiu ao agravamento das circunstâncias e às opções cada vez mais limitadas dando muita atenção a Marco Antônio, que agora parecia ser uma moeda de troca nas negociações com Otaviano. Se o romance entre Marco Antônio e Cleópatra algum dia foi motivado por amor, não era mais, apesar de ela ter comemorado o aniversário dele com um banquete farto e presentes generosos aos convidados, que, segundo Plutarco, sentaram-se para jantar pobres e voltaram para casa ricos.

Enquanto isso, Cleópatra começou a construir um complexo de tumbas elaboradas e mausoléus de ouro e prata, ébano e marfim, cravados de esmeraldas e pérolas. Também reuniu um suprimento de lenha e gravetos, parecendo estar se preparando para dois desfechos diferentes. Talvez esperasse que a sinalização dos seus planos para incinerar o seu tesouro pudesse persuadir Otaviano a ceder e a chegar a um acordo razoável. Independentemente do resultado, ela precisaria, mais cedo ou mais tarde, de uma tumba adequada a seu status de realeza e gloriosa carreira. Devia, a si mesma e a seu país, morrer em um estilo condizente com o que temia ser a última dos Ptolomeus.

Enquanto a guerra contra Otaviano avançava, as vitórias de Marco Antônio eram menores, temporárias e, por fim, infrutíferas. Quando Marco Antônio conteve o exército de Otaviano, que avançava, ele voltou ao palácio, beijou Cleópatra e apresentou a ela seu soldado mais corajoso.

Cleópatra recompensou o herói com uma armadura dourada, pela qual o soldado agradeceu – e na mesma noite ele passou para o lado de Otaviano.

Segundo Plutarco, Marco Antônio começou a dizer a seus criados que reforçassem a opulência de seus banquetes, aumentando o ritmo e a quantidade de suas bebidas, já excessivas, pois ninguém sabia até quando ele poderia continuar vivendo daquela forma, ou em quanto tempo eles estariam servindo vinho e comida a um novo mestre e ele estaria caído no chão, um cadáver inútil e atrofiado. Se esses sentimentos foram realmente proclamados por Marco Antônio ou eram apenas um indicador geral de seu estado mental, a notícia teria chegado até Cleópatra? Era improvável que seu humor melancólico e sua autopiedade sentimental a fizessem sentir que poderia contar com seu apoio.

Uma noite, um barulho alto e alegre que parecia uma procissão de músicos e foliões foi ouvido pelas ruas de Alexandria e pelos portões da cidade. Era uma ocorrência comum, a menos que se estivesse procurando por presságios, o que era o caso do povo de Alexandria. A aparição repentina e a saída abrupta do bando alegre foram interpretadas como o deus Dionísio abandonando Marco Antônio, seu devoto e, em épocas felizes, seu homônimo.

De uma colina que dava para o porto, Marco Antônio viu seus navios partirem para confrontar Otaviano, depois virarem imediatamente, mudarem de lado e se juntarem ao campo oposto, de modo que as duas marinhas, agora combinadas, estavam navegando até o porto para atacá-lo. Quando os soldados de infantaria se deram conta do que havia ocorrido, eles também desertaram, aliando-se a Otaviano.

Marco Antônio se orgulhava de ser próximo de seus soldados. Ele se compadecia dos feridos, lamentava os mortos. Até Plutarco se comoveu com o respeito e a lealdade que ele recebeu e com a empatia e a profundidade da conexão entre um comandante e seus homens. Agora, porém, essa lealdade havia sido severamente testada. Durante a campanha Parta, muitos soldados padeceram de mortes terríveis, em parte como consequência do erro de julgamento de Marco Antônio. Os veteranos e novos recrutas viram com os próprios olhos, ou ficaram sabendo, como ele abandonou seus marinheiros e acompanhou a retirada de Cleópatra de Áccio. Quaisquer que fossem suas razões, suas legiões não estavam mais dispostas a lutar e morrer por ele.

A fissura entre Cleópatra e Marco Antônio tornou-se maior, mais feia e mais pública. Depois que seu exército e sua marinha o abandonaram, dizem que Marco Antônio saiu furioso pela cidade, culpando Cleópatra. Ao alegar temer pela própria segurança, ela e suas criadas se fecharam em sua tumba fortemente protegida. Ela estava lutando agora em duas frentes: contra Otaviano, seu inimigo, e contra Marco Antônio, seu amante. Cleópatra instruiu as criadas a dizerem a Marco Antônio que ela estava morta e ele estava por conta própria. Ele não poderia mais contar com ela e não adiantava acusá-la de tê-lo traído.

Marco Antônio se preparava para se matar. Ele pediu a um de seus criados, Eros, que o perfurasse com a própria espada, mas o criado leal se recusou e se matou. Marco Antônio reagiu como se Eros o tivesse desafiado, tendo lhe apresentado um modelo de valor a ser seguido. Ele prontamente fincou a espada no próprio corpo, porém o ferimento acabou não sendo fatal e parou de sangrar assim que se deitou.

A história antiga é repleta de mortes horríveis, envenenamentos, apunhaladas, assassinatos. Vimos como os Ptolomeus superaram os gregos e romanos em engenhosidade, alcance e falta de remorso ao acabar com a vida de familiares. No entanto, mesmo entre essas saídas torturantes, a morte de Marco Antônio se destaca pelo horror e *páthos*: foi sangrenta, dolorosa, constrangedora, desajeitada e terrivelmente prolongada.

Ferido, mas ainda não de modo fatal, Marco Antônio implorou que acabassem com sua agonia, contudo seus criados e lacaios fugiram, deixando-o sangrando, até que Cleópatra intercedeu e ordenou que ele fosse levado à sua tumba. Ou a porta não pôde ser aberta, ou ela optou por não abrir, tendo acrescentado, assim, mais uma humilhação àquelas que Marco Antônio já tinha sofrido. Ele foi preso a um mecanismo com roldanas e cordas e içado para entrar na tumba por uma janela.

O resgate não correu bem. Testemunhas o descreveram como a coisa mais lastimável que já haviam visto. Sangrando e se debatendo na tipoia improvisada, Marco Antônio se retorceu e esticou os braços na direção de Cleópatra, que tentava alcançá-lo enquanto ela e suas criadas se esforçavam para pegá-lo e puxá-lo para dentro. Abaixo, uma multidão se reunira, gritando palavras de apoio e conselhos, chorando de horror e empatia.

Dominada pela visão de seu amante, que agora parecia estar morrendo, Cleópatra o deitou na cama, batendo no peito, sujando-se com o sangue dele, chamando-o de mestre, marido, comandante, esquecendo suas diferenças e sentindo apenas a perda iminente. Mais uma vez, perguntamo-nos quem estava lá, quem ouviu e relatou as lamentações da rainha e as últimas palavras do moribundo. Foi sugerido que Plutarco pegou alguns desses detalhes emprestado da biografia do médico de Cleópatra, mas nunca saberemos o quanto dessa parte da história é fantasia ou suposição, obra de Plutarco ou de outra pessoa preenchendo os espaços em branco da terrível narrativa.

Ao pedir vinho, Marco Antônio disse a Cleópatra que se cuidasse e suplicou que ela não sentisse pena dele, pois ele havia levado uma vida heroica e sido feliz, e estava tendo uma morte nobre, como um romano morto por outro romano. Talvez seja necessário um segundo para que se perceba que Otaviano não era o romano assassino a quem ele se referia, mas, sim, ao próprio suicídio: ele mesmo era o "outro romano". Ele aconselhou Cleópatra a confiar em Proculeio, um dos amigos de Otaviano.

Proculeio chegou à tumba logo depois da morte de Marco Antônio. Pois enquanto Marco Antônio estava sendo içado até Cleópatra, um de seus guarda-costas havia fugido com a espada ensanguentada que o ferira e mostrado a Otaviano para provar que seu oponente estava morrendo ou morto.

Otaviano respondeu praticamente da mesma forma que seu tio-avô ao saber da morte de Pompeu, com um choro cerimonial pela perda do antigo aliado, companheiro triúnviro e parente por casamento – e contrastando bastante com Marco Antônio, que havia caído na gargalhada sobre os restos mortais de Cícero. Otaviano, porém, não foi tão dominado pelo luto a ponto de não pensar em reprimir de antemão qualquer hostilidade que pudesse ter sido provocada pela morte de Marco Antônio. Ele apresentou as mensagens que trocara com Marco Antônio e as leu em voz alta para provar que ele fora conciliador e amigável e o quanto as respostas de Marco Antônio tinham sido grosseiras e hostis. É de se admirar sua premeditação de ter guardado os dois lados de uma correspondência.

Mesmo na morte, Marco Antônio cometera um erro grave. Proculeio não era confiável e havia sido enviado por Otaviano para garantir que, independentemente do que acontecesse, Cleópatra não cumprisse a promessa de destruir seu tesouro consigo mesma.

O resultado ideal do ponto de vista de Otaviano seria atrair Cleópatra para Roma, onde ela poderia ser exibida como inimiga conquistada: a outrora grande Cleópatra, ex-rainha do Egito, subjugada por Otaviano, exibida entre os espólios da guerra, possivelmente acorrentada, uma prova de seu poder e a peça central do seu triunfante desfile da vitória. O emissário de Otaviano estava autorizado a fazer o que fosse necessário, usando suborno, truques e promessas, para separar Cleópatra de seu ouro e persuadi-la a viajar a Roma. Ninguém poderia imaginar que a rainha seria tola o bastante para acreditar na falsidade um tanto quanto grosseira de Otaviano, mas o general romano tinha um trunfo importante, talvez o mais importante de todos, para usar em seu jogo mortal com Cleópatra: seus filhos, que não estavam protegidos com ela na tumba e, consequentemente, se encontravam à mercê de Otaviano.

Do outro lado da porta trancada da tumba, Cleópatra pediu que seus filhos fossem protegidos. Proculeio a aconselhou a confiar na clemência de Otaviano, uma promessa que acabou sendo ao mesmo tempo verdadeira e falsa. Logo depois da morte de Cleópatra, Cesarião e Antilo seriam mortos; os filhos de Cleópatra com Marco Antônio foram poupados e enviados a Roma.

Enquanto outro enviado ficava em seu lugar do lado de fora da tumba, negociando com Cleópatra, o "confiável" Proculeio entrou na câmara por uma janela e dominou a rainha. Quando suas criadas gritaram para alertá-la, ela tentou se apunhalar com uma adaga que estava escondida em suas roupas, mas Proculeio a encorajou a confiar sua vida e sua segurança a Otaviano, seu mestre complacente e misericordioso. Depois de ter certeza de que ela não estava ocultando nenhum veneno, ele a deixou com um guarda para garantir que permanecesse viva. Os guardas foram instruídos a deixá-la confortável e calma enquanto Otaviano e seus conselheiros decidiam o que fazer em seguida.

Enquanto Cleópatra permanecia em sua tumba, praticamente enterrada viva, Otaviano cavalgava triunfante por Alexandria, assegurando aos cidadãos aterrorizados que os estava perdoando, em parte por amor à sua bela cidade, em parte por respeito a seu fundador, Alexandre, o Grande.

Entretanto, surgiu uma questão: o que fazer com o corpo de Marco Antônio, ainda na tumba com sua amante e as criadas? Otaviano permitiu que Cleópatra utilizasse as práticas mortuárias pelas quais os egípcios eram famosos e enterrasse o corpo de seu amante com os ritos e a pompa apropriados.

Depois do funeral de Marco Antônio, Cleópatra parou de comer e pareceu decidida a morrer de fome, mas foi convencida a interromper o jejum quando Otaviano ameaçou a vida de seus filhos. Um elemento que se destaca nessas cenas, embora pouco seja concluído por Plutarco, é o quanto Cleópatra se esforçou no fim da vida para proteger seus filhos e sua filha.

Com frequência é citado que Cleópatra se distinguia de seus ancestrais ptolomaicos por ser a única que aprendeu a língua egípcia. No entanto, o que a diferencia de forma ainda mais decisiva é a ferocidade com que, até o fim, ela tentou preservar a vida de sua prole. Seus antepassados – entre eles, seu pai – haviam matado os filhos para resguardar o próprio poder, mas, embora Cleópatra tivesse providenciado a morte de pelo menos um – e possivelmente dois – de seus irmãos e declarado guerra contra um terceiro, seus filhos estavam em outro patamar.

Se essas últimas cenas da vida de Cleópatra foram dramáticas, seu confronto final com Otaviano transformou a ação em melodrama. Otaviano a visitou na tumba, supostamente para confortá-la. É de se perguntar por que agora era permitido o livre acesso ao jazigo trancado; por que Otaviano não se sujeitou à indignidade de ser içado como o moribundo Marco Antônio. E também não foi excluído como Proculeio, que tinha sido obrigado a entrar escondido por uma janela.

Otaviano encontrou a rainha emaciada, perturbada, com os cabelos desgrenhados e os olhos distantes. As vestes e as joias tinham sido tiradas e ela trajava apenas uma túnica. Plutarco não consegue superar o fascínio pelo corpo ainda adorável da mulher condenada nem a atração que perdurou apesar do íngreme declínio nas circunstâncias. Embora seu peito estivesse machucado pela surra autoinfligida com a qual se puniu por ter tratado mal Marco Antônio, "seu famoso charme e a ousadia de sua beleza não tinham sido totalmente extinguidos". Ela se defendeu, alegou necessidade, culpou Marco Antônio, implorou por misericórdia. Entregou uma lista de seus tesouros, que, afinal, eram a principal preocupação de Otaviano. Quando um criado revelou que Cleópatra estava escondendo algumas joias, ela implorou que ele permitisse que ela separasse alguns enfeites para mandar para a esposa de Otaviano e sua irmã, Otávia, esposa de Marco Antônio.

Tanto Cleópatra quanto Otaviano estavam mentindo, mas ela – que convenceu Otaviano de que queria viver – parece ter se saído melhor na função. A vigilância contra o suicídio deve ter diminuído, porém, em segredo, ela continuava com os planos de se matar e ser poupada da humilhação de ser exibida entre os troféus da vitória de Otaviano.

Cleópatra descobriu que Otaviano estava prestes a partir para a Síria e estava planejando mandá-la a Roma com os filhos. Ela implorou que lhe permitissem realizar um último rito funeral para Marco Antônio e, ao verter uma última oferenda (provavelmente vinho e mel) sobre seu sarcófago, falou – de forma poética e comovente – sobre o fato de que, embora fossem inseparáveis na vida, agora corriam perigo de serem separados para sempre. Na morte, trocariam de lugar: ela estaria em Roma e ele permaneceria no Egito.

Ela beijou o caixão de Marco Antônio, depois ordenou que preparassem seu banho. Jantou bem, deitou-se e esperou que chegasse do campo uma cesta de figos. Dizem que mandou as criadas a vestirem como a deusa Ísis.

(O biógrafo de Cleópatra, Michael Grant, sugeriu que ela devia estar usando joias ou ornamentos aludindo à associação de Ísis com serpentes, o que pode ter sido a fonte da história de como Cleópatra morreu.)

Ela ofereceu alguns figos aos guardas, que instruíram o mensageiro a levar a cesta para dentro. Enviou uma tabuleta que já havia escrito a Otaviano, depois ordenou que todos saíssem, exceto suas duas criadas, e fechou a porta.

A tabuleta era uma carta de suicídio, mas quando Otaviano apressou seus homens para irem ao resgate de Cleópatra, já era tarde demais. Ela estava morta. As duas criadas, também envenenadas, morreram de imediato.

Na cesta de figos havia uma víbora venenosa escondida. Aparentemente, Cleópatra tinha esperança de ser picada antes de saber o que estava acontecendo, um detalhe reminiscente do desejo expressado por César de ter uma morte rápida e inesperada. Ao ver a serpente, ela teria dito: "Aqui está ela, afinal", e estendido o braço.

Até o método de seu suicídio – a picada de víbora venenosa – foi debatido. Graças a Plutarco e Shakespeare, nós "sabemos" que Cleópatra teve a serpente mortal escondida em uma cesta de figos e a contrabandeou para a tumba onde estava se escondendo do líder romano vitorioso. No entanto, alguns especialistas notaram que a naja-egípcia era muito volumosa, incontrolável e ameaçadora para ser escondida até mesmo na mais espaçosa e engenhosa cesta de frutas. Toxicologistas argumentaram que, mesmo que o veneno se provasse fatal – o que não acontecia sempre –, a vítima levaria horas para morrer, enquanto a morte de Cleópatra foi relatada (e dramatizada) como algo instantâneo.

Ligada para sempre à serpente, Cleópatra assume seu lugar naquele grupo mais romântico: o dos suicídios femininos altamente erotizados. De Safo saltando do penhasco a Sylvia Plath se ajoelhando diante da porta do forno, Cleópatra supera todas pelo grande drama e pela sensualidade mórbida de como dizem que ela morreu.

Plutarco oferece uma série de explicações diferentes de como Cleópatra morreu. Algumas descrições devem ter parecido necessárias para explicar como uma naja havia passado pelos guardas, que sofreriam se Cleópatra se matasse, como já ameaçara fazer. Em um cenário, a víbora chegou em uma jarra de água e Cleópatra teve que a provocar para que saísse e a picasse. É intrigante imaginar a rainha egípcia incitando a serpente assassina a sair da jarra; além disso, não parece uma forma inteligente de se transportar uma serpente – em um recipiente pesado com bocal estreito ou tampa.

Plutarco também sugeriu que ela teria escondido o veneno em um prendedor de cabelo oco. Os egípcios eram conhecidos por seus conhecimentos medicinais e o veneno podia simplesmente fazer parte do kit de utensílios de um médico. Cleópatra não teria precisado fazer experimentos com prisioneiros para descobrir o que poderia perguntar aos videntes que se reuniam em sua corte ou descobrir entre os volumes da Biblioteca de Alexandria.

Depois da morte, o corpo de Cleópatra foi encontrado puro e incorrupto, como o cadáver de um santa. Nenhum ferimento ou hematoma indicava os efeitos de um veneno, apesar de Otaviano ter sido informado de que duas perfurações indicavam a causa da morte.

Se Plutarco tinha dúvidas a respeito da víbora assassina, Duane Roller expõe os motivos pelos quais é improvável que a cesta de figos e a morte romântica por picada de cobra tenham acontecido:

> A cesta precisaria ter sido muito grande (a naja-egípcia tem vários metros de comprimento) e… provavelmente ninguém teria pedido aos guardas que se servissem se houvesse uma víbora escondida ali… Seriam necessários domadores de serpentes experientes. A naja-egípcia pode ser fatal, mas apenas se seu veneno for injetado em uma área vital; senão, é mais provável que a vítima se recupere por completo… Todas as evidências dizem que seria um método complexo de morte com pouca garantia de sucesso.

Em uma entrevista em vídeo, Andrew Gray, curador de herpetologia do Museu de Manchester, leva a experiência de um cientista à questão de como Cleópatra morreu. Uma naja-egípcia, muitas vezes chegando a quase dois metros, dificilmente poderia ter sido transportada em uma cesta de figos. Além disso, haveria apenas uma pequena chance de uma pessoa morrer por uma picada de naja. A maioria dessas picadas era "seca" e raramente envolvia uma injeção de veneno. Mesmo que ela tivesse sido picada, o mais provável seria a recuperação total. Só 10% das picadas de cobra são ferimentos fatais e, mesmo havendo uma pequena chance de que aquela tivesse sido, a morte teria sido agonizante – como Cleópatra devia saber. Por fim, era impossível que Cleópatra passasse a serpente de mão em mão para matar suas duas criadas, pois a naja ataca apenas uma vez.

No entanto, se ela não foi mordida por uma serpente, algo deve tê-la matado, mas, como muitas outras coisas sobre sua vida e morte, nunca vamos saber o que foi.

Plutarco diz que a serpente nunca foi encontrada dentro da tumba. Ele acrescenta uma breve e apavorante história sobre algumas testemunhas que alegaram terem visto, da janela da tumba, o rastro sinuoso que a serpente deixou na margem do rio ao rastejar para longe da cena do crime. Dizer que alguém viu, de uma janela alta, o sulco raso deixado na areia por uma serpente é uma forma eloquente de se questionar se isso realmente aconteceu.

"Mas ninguém sabe a verdade", escreve Plutarco.

O longo e constante domínio de Cleópatra sobre nossa psique coletiva poderia ter sido mais fraco e menos duradouro sem a narrativa romanceada perversa do (suposto) método de seu suicídio: tão original, tão corajoso, tão dramático. Nenhuma morte poderia ter intrigado e encantado tanto as gerações de pintores que representaram seus últimos momentos como um desfalecimento orgástico com seios desnudos.

Na Idade Média, imagens da rainha egípcia eram relativamente decorosas. Quase nunca distante de sua presa, a cobra é diferente das serpentes falantes que vemos na arte posterior: a serpente do mal tentando Eva enquanto se enrola na árvore proibida. Essa serpente é uma assassina, uma assassina de aluguel, uma agente da morte repentina.

Na iluminura do Mestre de Boucicaut para *De Mulieribus Claris* (literalmente, *Mulheres famosas*), de Boccaccio, Marco Antônio e Cleópatra aparecem sem vida, deitados lado a lado, um rei e uma rainha medievais esculpidos em pedra sobre uma sepultura real. Ambos vestem coroa e túnica. A cena é calma e altiva; os únicos elementos disruptivos são a espada projetando-se do peito de Marco Antônio e a serpente circundando o antebraço descoberto de Cleópatra como um bracelete fatal. Uma xilogravura que ilustra uma tradução de Boccaccio para o alemão retrata Marco Antônio, aqui também empalado por uma espada, enquanto Cleópatra olha para ele com tristeza e uma serpente com estranhas orelhas pontudas crava as presas em seu braço.

Plutarco especifica que a serpente supostamente picou o braço da rainha, mas, por volta do final do século XV, o local do ferimento migrou para os seios. Em uma ilustração de mais uma edição de Boccaccio, feita em 1480, em Bruges, a túnica vermelha com detalhes em pele de arminho de Cleópatra está caída até os quadris. Não só uma, porém duas serpentes estão presas a ela, uma em cada seio.

O notável não é apenas a frequência com que Cleópatra foi pintada, mas quantas dessas imagens retratam a rainha egípcia nua por completo ou, na maioria das vezes, da cintura para cima, com um ou ambos os seios desnudos para receber o veneno da serpente – uma serpente menor, mais veloz e cruel do que a naja-egípcia. Seu corpo é invariavelmente aveludado, curvilíneo, sedutor e pálido. Essas obras cresceram em popularidade no decorrer dos séculos de expansão europeia pela África e Ásia. O fascínio com o exotismo e o Oriente foi, com perfeição, incorporado em uma bela mulher de cabelos escuros, de preferência nua, idealmente moribunda ou morta.

Na pintura de Giampietrino, *A morte de Cleópatra* (1504), a rainha tirou toda a roupa e virou a linda cabeça para o outro lado. Com uma das mãos, levanta a tampa de uma cesta de palha, enquanto a outra pressiona a cobra junto ao peito, com as presas tão próximas do mamilo que quase parece estar amamentando. Mais adiante no século, Michele Tosini veste a rainha com um vestido rosa-claro, que ela levanta, expondo o seio de modo que a serpente possa ter acesso à sua pele iridescente. Na *Cleópatra*, de Guido Reni (1628), a serpente foi encolhida ao tamanho de uma minhoca, mas Cleópatra é enorme, com ombros largos, braços fortes e peito semidesnudo preparado para o golpe mortal. No fim do século XVII, essas imagens de Cleópatra com a serpente eram tão comuns que várias delas apareciam pintadas com tinta esmalte no mostrador dos relógios de bolso.

A maioria dessas Cleópatras está à beira do arrebatamento. Cabeça jogada para trás, olhos voltados para cima, o rosto dessas rainhas do Egito parece o das santas e mártires ou, em termos mais individuais, das esposas ou amantes dos pintores no meio do ato sexual ou logo depois dele.

Em 1876, a escultora americana Edmonia Lewis criou uma imagem bem diferente da morte de Cleópatra. Ela escolheu retratar a rainha como caucasiana, embora Lewis, que era negra, sempre representasse mulheres negras em sua obra. Sua imagem da monarca moribunda não é erotizada, estática nem sensacionalista. Totalmente vestida, régia, usando uma coroa decorada com serpente, sentada em um trono adornado com duas cabeças de esfinge, ela vira um pouco a cabeça para o lado, com o queixo levemente erguido, aguardando a morte com bravura, dignidade e determinação.

Ao lhe ser negada a oportunidade de levar Cleópatra a Roma como prisioneira, Otaviano, segundo Suetônio, ficou tão decepcionado com sua morte que ordenou aos psilos, povo africano famoso pelo conhecimento de venenos, que tentassem reverter os efeitos da peçonha. As tentativas foram em vão e o trabalho dos psilos não aparece em mais nenhuma fonte clássica.

Mesmo sem a rainha como troféu, Otaviano havia vencido. Ele ordenou que Cleópatra fosse enterrada ao lado de Marco Antônio com os ritos e as honras adequados à sua nobreza de espírito. Ela morreu aos 39 anos; Marco Antônio, aos 53.

Otaviano fez uma visita oficial à tumba de Alexandre, o Grande, para prestar suas condolências, colocando uma coroa de ouro sobre ela e a cobrindo de flores. No entanto, quando lhe perguntaram se queria ver as tumbas dos Ptolomeus, ele teria respondido que queria ver um rei – não corpos mortos. Estátuas de Marco Antônio foram destruídas, mas dizem que um partidário de Cleópatra pagou a Otaviano para deixar as estátuas dela no lugar, outra indicação do papel que o dinheiro desempenhava nas negociações de Roma com o Egito.

O filho de Marco Antônio e Fúlvia, Antilo, escondeu-se, porém foi traído por seu tutor e, subsequentemente, decapitado. O tutor, por sua vez, foi morto por ter roubado a pedra preciosa que Antilo usava em volta do pescoço – um detalhe que demonstra caos, desespero e criminalidade de uma sociedade na qual o professor rouba uma lembrança preciosa do cadáver sem cabeça de seu aluno.

Cesarião fugiu para a Índia, contudo foi enganado e convencido a voltar quando lhe disseram que seria coroado rei. Assim que voltou, foi morto, confirmando os piores temores de Cleópatra em relação ao filho mais velho e sugerindo que ela não conseguiu passar a ele seus dons de perspicácia, estratégia e sobrevivência. Otaviano supostamente disse que no mundo só havia lugar para um César e, por mais que Cesarião tivesse sido criado para acreditar que era aquela figura singular, o bom senso deveria tê-lo alertado de que Otaviano não concordaria com isso. Logo depois, Otaviano emitiu um édito proibindo imagens de Cesarião; uma sala em Pompeia que tinha na parede uma pintura de Cesarião e sua mãe teria sido emparedada depois das diretrizes de Otaviano.

Exceto por Antilo e Cesarião, os filhos que Cleópatra e Marco Antônio tiveram, separadamente e juntos, foram enviados a Roma para serem criados por Otávia.

Otávia é uma das personagens mais impressionantes que surgiram das páginas de Plutarco: uma mulher que cria cinco crianças, três das quais herdou da rainha egípcia por quem seu segundo marido a deixou e pela qual teria morrido. Ao fim da vida dela, seu irmão, a essa altura imperador Augusto, havia lhe concedido uma posição e honras raramente dadas a uma mulher.

Em 23 a.C., seu amado filho Marcelo (designado herdeiro de seu irmão) morreu de uma enfermidade que assolou Roma. Em seu *Vida de Virgílio*, Élio Donato descreve Otávia desmaiando quando Virgílio recitou em voz alta um trecho da *Eneida* (6. 884), uma parte em que Eneias encontra o fantasma de Marcelo – ainda jovem, ainda belo – no submundo. Uma linda pintura neoclássica de Jean-Joseph Taillasson, *Virgílio lendo a Eneida para Augusto e Otávia* (1787), é uma representação terna da melancolia e da dor. É também uma dramatização do choque de um artista ao receber uma reação diferente daquela que esperava.

Plutarco rastreia a prole de Cleópatra e Marco Antônio por gerações, uma lista aparentemente incoerente de casamentos e filhos, como a genealogia do Antigo Testamento, mas com um ponto alto: dois descendentes de Marco Antônio se tornaram imperadores e, em seguida, ambos ficaram loucos, um fato que parece desafiar as leis da coincidência e da probabilidade. Um deles foi Calígula, responsável pela morte de sua esposa e filha; o outro, Nero, assassinou sua mãe e quase destruiu o Império Romano. "Ele era o quinto descendente de Marco Antônio", é como Plutarco encerra o *Vida de Antônio*, parecendo saborear o fato de a linhagem de Marco Antônio incluir dois imperadores dementes e assassinos.

Alexandre Hélio viveu o suficiente para participar, com sua irmã gêmea, vestidos como o sol e a lua, da procissão triunfal de Otaviano depois de sua conquista do Egito – a marcha cerimonial em que ele queria tão desesperadamente exibir Cleópatra. A cerimônia parece muito uma paródia cruel das Doações de Alexandria. As crianças desfilaram com a imagem de sua mãe com uma víbora ainda presa ao corpo. Além da dor que isso deve ter causado aos gêmeos órfãos, a imagem da serpente ajudou a determinar a narrativa de como Cleópatra morreu.

Seus dois filhos morreram jovens, em Roma, provavelmente de doença.

Em 25 a.C., Cleópatra Selene, filha de Cleópatra com Marco Antônio, única dos filhos dela a sobreviver à infância, casou-se aos 15 anos com Juba II, filho de Juba I, falecido rei da Numídia. Como os três filhos de Cleópatra, Juba II também foi criado por Otávia depois da morte de seu pai. O casal recém-casado foi enviado à Mauritânia, no noroeste da África. Otaviano, agora Imperador Augusto, queria que alguém de sua confiança se encarregasse desse território estrategicamente importante e comercialmente lucrativo.

Juntos, o casal real transformou uma região calma em uma metrópole vibrante, uma cidade chamada Cesareia. Da mesma forma que sua mãe havia revitalizado Alexandria, Cleópatra Selene supervisionou projetos de edifícios e apoiou a educação e as artes. Ela introduziu o uso da língua grega e atraiu intelectuais, filósofos e historiadores, que contribuíram para a vida cultural e intelectual da cidade. Ele próprio um estudioso, Juba II escreveu sobre a história do norte da África e da Arábia.

Em algum momento entre os anos 13 e 9, Cleópatra Selene deu à luz um filho que chamou de Ptolomeu. Acredita-se que ela teria morrido mais ou menos na mesma época, deixando Juba II governar a Mauritânia por mais trinta anos, até ser sucedido por Ptolomeu, que parece ter herdado a parte mais fraca da personalidade de seu avô Marco Antônio. Hedonista e indeciso, ele viveu até 40 d.C., quando foi executado por Calígula, supostamente pelo pecado de ter cunhado moedas de ouro e excedido os limites autorizados de seu poder oficial.

Os acontecimentos que sucederam a morte de Cleópatra deixaram claras suas realizações. Apesar de turbulentas, as décadas durante as quais ela permaneceu no poder contribuíram para a cultura, a segurança e o bem-estar de seu país. Ela usou suas habilidades e poderes para afastar as ambições de Roma, até que sua derrota marcou um ponto crítico, depois do qual sua lenda poderosa sobreviveria por muito tempo à diminuição e à demolição de muito do que ela havia conquistado.

PARTE II

O pós-vida de Cleópatra

Capítulo 7
A pérola

Acredita-se que o secretário de Marco Antônio, Lúcio Munácio Planco, seja a fonte de uma história recontada em *História natural*, de Plínio – uma anedota considerada exemplo do declínio imprudente e teatral de Cleópatra. Supostamente, ela usava como brincos duas das maiores pérolas do mundo. No fim de um banquete suntuoso, em um espírito competitivo provocado pela dúvida de qual dos amantes, Marco Antônio ou Cleópatra, promovia banquetes mais luxuosos, ela tirou uma das pérolas da orelha, dissolveu-a em vinagre (ou vinho) e a ofereceu como um brinde a Marco Antônio. Ele começou a beber, ciente ou não de que a pérola dissolvida era supostamente um afrodisíaco.

Em última análise, a verdade dessa história (a ciência nos diz que pérolas não são solúveis em vinho nem vinagre) importa menos do que sua popularidade e durabilidade. Sua importância está no papel que desempenhou na campanha romana para retratar Cleópatra, durante sua vida e depois da morte, como a personificação da licenciosidade e devassidão oriental. Foi mais uma fábula exemplar sobre como o Oriente precisava do Ocidente para suscitar consciência, senso de ordem, integridade moral e respeito em sua população – um senso de contenção que, esperava-se, iria contra desagradáveis feitos orientais como dissolver a maior pérola do mundo em vinho e oferecê-la ao amante.

Verdadeira ou não, a história se tornou um dos "incidentes" mais conhecidos e com frequência retratados da vida de Cleópatra. Em uma xilogravura do século xv ilustrando a tradução de *Mulheres famosas*, de Boccaccio, para o alemão, Marco Antônio e mais um convidado observam Cleópatra bebendo da taça em que dissolvera a pérola gigante.

Uma versão consideravelmente mais elaborada e populosa dessa história aparece em várias pinturas de Tiepolo, que se acredita terem sido feitas por volta de 1744. Sentada a uma ponta de uma mesa coberta com uma toalha branca bordada, Cleópatra, vestida com os trajes mais finos da realeza do século xviii, segura a pérola entre os dedos. Está prestes a jogá-la na taça.

Na outra ponta da mesa, Marco Antônio, usando um capacete dourado e uma túnica laranja nada convincente, recosta-se na cadeira, observando com atenção. Sua surpresa ecoa na postura e expressão dos cortesãos e criados reunidos ao redor da mesa, que assistem com avidez à extravagância e ao exibicionismo casual da rainha egípcia. Ela tem a atenção total de todos. Sob a plataforma em que está sentada, um homem tenta controlar seu cavalo, mas ele é um dos poucos que não estão olhando para Cleópatra. O mais notável é quanto drama Tiepolo extrai de um momento relativamente estático – uma mulher jogando alguma coisa dentro de uma taça –, bem como as suposições do artista sobre sua cultura e o meio em que viveu; o público-alvo da pintura teria compreendido o que estava sendo mostrado.

A visão de Tiepolo é como um circo com três picadeiros se comparada à *Cleópatra*, de Carlo Maratta, pintada quatro décadas antes. Cleópatra ocupa quase toda a tela, na qual há apenas uma mulher, uma taça e uma pérola. A rainha não poderia ser mais classicamente europeia – nem remotamente egípcia, nem mesmo o que poderíamos imaginar como grega: uma italiana do norte, talvez. Ela está vestida como uma deusa – ou seja, como uma mulher muito rica da época de Maratta – envolta em um vestido maravilhoso, de cores deslumbrantes, coberta com um tecido pesado bordado com flores e brocado dourado.

No centro da tela está a pérola. Ela tem forma de pera, o comprimento do polegar de Cleópatra e é consideravelmente mais espessa. Brilha com uma luz diferente do restante da pintura. Na outra mão de Cleópatra, há um pesado cálice com alças que, como a fita espiralada no ombro da rainha, lembra uma serpente.

No fim do século XVII, Maratta era um pintor popular, com patronos importantes da aristocracia romana e do alto escalão da igreja. A Cleópatra deles não era aquele monstro ganancioso que os antigos romanos imaginavam; para eles, sua exibição de riqueza excessiva poderia representar algo aspiracional. Ela tinha que ser estrangeira, de fato oriental, pelo menos no nome – se não na aparência –, para permitir que realmente desfrutassem de uma mulher bela e devassa, ainda mais rica do que eles, e sem a mais vaga ansiedade que pudessem sentir a respeito dos próprios gostos caros.

Embora o retrato de Cleópatra por Plutarco tenha ficado mais sutil e empático do que talvez ele pretendesse, continha munição mais do que suficiente para autores posteriores usarem contra mulheres em geral, e Cleópatra em particular. Boccaccio a considerou "verdadeiramente notável por quase nada, exceto sua ancestralidade e beleza; ela era conhecida no mundo todo por sua ganância, crueldade e excessos" (citado em Jones). A paixão de Marco Antônio pela monarca perversa foi vista como um alerta sobre como um herói pode ser arruinado por uma Eva ou uma Circe da vida real, uma calculista proto-Lady Macbeth.

Seus "desejos" pecaminosos incitaram Dante a mandá-la para o segundo círculo do inferno, onde foi condenada a passar a eternidade entre os libidinosos. O historiador latino Sexto Aurélio Vítor (século IV d.C.) nos diz que Cleópatra se prostituía na tentativa de apagar seu ardente fogo sexual e que era "tão bela que muitos homens compravam uma noite com ela pelo preço das próprias vidas" (citado em Jones).

Essa última visão de Cleópatra pode ter inspirado Alexander Pushkin, cuja história inacabada "Noites egípcias" (1837) apresenta um italiano que faz improvisações sobre tópicos sugeridos pelo público. Quando lhe pedem que invente um poema sobre Cleópatra e seu amante, o ator cria um cenário em que a rainha anuncia que seu amor está à venda, mas por um preço altíssimo. O afortunado vencedor vai pagar com a vida por uma noite em sua cama. Três homens – um soldado de cabelos grisalhos, Flavius; um jovem filósofo chamado Kriton; e um rapaz ainda mais jovem e sem nome – oferecem-se para aceitar a barganha fatal. Cleópatra promete a cada um uma noite de "fogos sensuais", porém lembra a todos que, ao amanhecer, "o machado mortal cairá sobre/a cabeça de todos os meus afortunados". Ninguém parece sentir que o preço é alto demais.

Seus verdadeiros amantes, Júlio César e Marco Antônio, parecem ter sido menos importantes para Pushkin do que o que Cleópatra representou: sexo pelo qual vale a pena morrer e crueldade e caprichos – tão supostamente femininos e orientais – para tornar a morte o custo da barganha.

Uma dinâmica similar move o conto de Théophile Gautier "Uma noite de Cleópatra", publicado em 1838. Depois de flagrar Meïamoun, seu admirador irremediavelmente apaixonado, espiando-a durante o banho, a rainha concorda em recebê-lo para uma noite de amor. Ela lhe serve um banquete suntuoso, ao fim do qual, quando o dia já está nascendo, oferece-lhe uma taça de veneno. Quando Marco Antônio retorna e pergunta sobre o corpo morto, Cleópatra responde que estava apenas testando a eficácia do veneno que pretendia tomar se fosse capturada por Augusto e, então, convida Marco Antônio para se juntar a ela e assistir à dança de palhaços gregos.

Uma história posterior – talvez apócrifa – mostra um espectador vitoriano comentando que a vida doméstica da rainha Vitória certamente era bem distinta do sofrimento intenso e da paixão avassaladora que Sarah Bernhardt retratou ao representar Cleópatra lamentando a morte de Marco Antônio no palco. Lucy Snowe, heroína de *Villette*, de Charlotte Brontë, fica incomodada com uma pintura da "exuberante" Cleópatra recostada no sofá, vestindo roupas que não cobrem adequadamente seu corpo voluptuoso. O noivo de Lucy, Paul Emanuel, a repreende apenas por *olhar* para a pintura.

Capítulo 8
A Cleópatra de Shakespeare

Sem informação biográfica adicional, uma plateia que assistisse a *Antônio e Cleópatra*, de Shakespeare, poderia ter dificuldade para entender o que exatamente a heroína do título fazia antes de conhecer Marco Antônio. Podemos muito bem nos perguntar o que significava ser rainha do Egito quando Cleópatra parece não ter deveres nem responsabilidades além de seu vigoroso empenho em garantir que a chama da paixão de Marco Antônio por ela não diminua nem se apague. É mais um exemplo da forma como Cleópatra foi definida pelos relacionamentos com seus amantes, e não por sua história, seus feitos e suas conquistas.

Antônio e Cleópatra (1607) deve ser uma das peças mais movimentadas e caóticas de Shakespeare. Tem um enorme elenco de personagens e durante grande parte da ação há pelo menos duas coisas acontecendo em dois lugares diferentes. Existe algo de desconcertante nas frequentes trocas de cenário e mudanças de ambiente, nas inversões do que sentimos pelos personagens e do que eles parecem sentir um pelo outro. As rupturas quase constantes podem fazer o drama parecer estranhamente moderno e experimental, menos *Rei Lear* e mais para o Wooster Group ou Richard Foreman.

Em uma análise perspicaz, "Shakespeare's Boy Cleopatra, the Decorum of Nature, and the Golden World of Poetry", Phyllis Rackin argumenta que o "atrevimento" da peça com a estrutura e seu uso da linguagem – "uma curiosa mistura dos latinismos mais elevados às gírias contemporâneas mais vulgares" – ecoam o comportamento de sua heroína.

> A estrutura episódica, com sua multiplicidade de pequenas cenas em ambientes que vão de uma ponta a outra do mundo conhecido, opunha-se diretamente à crescente demanda neoclássica pelas unidades... A desconcertante sucessão de pequenas cenas dispersas requer explicação, assim como a difusão da catástrofe pelos dois últimos atos. O que talvez seja o maior atrevimento de todos, e o mais ofensivo ao gosto neoclássico, é a forma como Shakespeare apresenta a heroína, pois sua rainha do Egito quebra repetidamente as regras do decoro... A incrível sucessão de alterações no temperamento e nos estratagemas de Cleópatra, combinada à notória reticência de Shakespeare quanto às motivações dela, levou até mesmo seus admiradores a concluírem que sua única qualidade evidente é, de forma paradoxal, a falta de qualidades – a magnífica inconstância que Enobarbo chama de "infinita variedade".

Para aqueles que buscam em Shakespeare uma compreensão mais profunda ou complexa da natureza de Cleópatra, pode ser mais sensato procurar em outro lugar. Cleópatra é ao mesmo tempo uma das heroínas mais francas de Shakespeare, a mais teatral e, no fundo, a mais opaca de todas. A peça contém lampejos surpreendentes de uma poesia brilhante (a maior parte dada a Cleópatra), bem como momentos dramáticos que requerem grande delicadeza para que não sejam minimizados nem exagerados. Entre essas passagens está a cena em que Cleópatra interroga um mensageiro a respeito de Otávia. Ele fala, com certo desdém, que ela tem 30 anos, querendo dizer que está velha, e a reação de Cleópatra – que tem 39 – deve ser acertada com precisão. Há uma cena comovente em que Marco Antônio reclama que César o vê como ele é, e não como costumava ser. Essa passagem também requer uma interpretação no tom perfeito para despertar nossa mais profunda compaixão pelo herói sitiado.

O poeta John Berryman diplomaticamente disse que a peça era um "relaxamento" em relação a *Macbeth*, escrita por Shakespeare no ano anterior:

> um relaxamento que afeta estrutura, versificação, material e estilo. Não há desenvolvimento real – seja ascendente, seja descendente – na peça. Por 1.700 linhas, até o ato em Áccio, a sorte do herói (e da heroína) está no auge; então, depois de um ínterim de 35 linhas em que a desgraça é anunciada por outras pessoas, por 1.300 linhas a sorte deles está em seu ponto mais baixo.

Berryman fez os cálculos para nós, mas entendemos o que ele quer dizer. Não sentimos, como acontece em *Macbeth*, a tensão crescente entre o inevitável e o inesperado, uma força implacável e inevitável que impulsiona o ato adiante. Aqui uma coisa acontece, depois outra. Os personagens reagem. Uma guerra começa e termina e reacende. O cenário muda de Alexandria para Roma, então ouvimos notícias perturbadoras sobre uma série de batalhas. No entanto, os amantes nunca parecem ser parte daquilo; os acontecimentos sérios se desenrolam em outro lugar qualquer, enquanto eles existem em um tipo de bolha, encenando a história de um caso de amor que agoniza.

Seria necessária uma direção brilhante para contornar o fato de que, devido à maneira como Shakespeare escreve o papel, a paciente, serena e injustiçada Otávia é muito mais atraente e simpática que sua rival egípcia. Otávia não exige muito de nós nem de Marco Antônio, e ela nunca nos irrita tanto quanto Cleópatra costuma irritar. Da mesma forma, seria preciso uma encenação inspirada para dar à cena em que o moribundo Marco

Antônio é içado até sua tumba o *páthos* e o horror que ela traz em Plutarco. É difícil imaginar uma versão dessa reviravolta na narrativa que não seja mais grotesca do que trágica quando a vemos acontecer diante de nós.

Shakespeare, como sabemos, tomou o enredo e a maioria de seus personagens de Plutarco; parte da linguagem que usou foi extraída da tradução para inglês de Thomas North, de 1579. A descrição rapsódica que Enobarbo faz da barca dourada em que Cleópatra partiu para encontrar Marco Antônio é, em essência, uma paráfrase e a apropriação fica mais direta quando a peça se aproxima de seu desfecho. A última ordem de Marco Antônio a seus homens, para que comam, bebam e se divirtam porque no dia seguinte ele poderia estar morto e eles serviriam a um novo mestre, é citada quase textualmente, embora o "cadáver atrofiado" que teme se tornar seja belamente transformado em uma "sombra em pedaços". As últimas palavras um tanto tristes de Marco Antônio, sua corajosa bravata sobre ser "um romano morto por um romano", são iguais em Plutarco e Shakespeare.

Shakespeare também parece ter seguido o arco da sensibilização gradual, até mesmo relutante, de Plutarco em relação à personagem Cleópatra. Na peça, as primeiras palavras que ouvimos se referindo a Cleópatra são *cigana* e *rameira* e o restante do drama marca uma progressão gradual e irregular desses julgamentos cruéis e irrefletidos até algo próximo da admiração pela rainha, que apenas à beira da morte começa a parecer, como Charlotte Brontë diz em *Villette*, imponente. Mesmo assim nossa simpatia por Cleópatra fica aquém da compaixão que sentimos por Lear ou Julieta. Nunca estamos totalmente do lado de Cleópatra, e no final podemos nos sentir um pouco cansados dela, exaustos com Marco Antônio e as exageradas acusações, reclamações, desentendimentos e reconciliações entre eles.

O que chama a atenção é o que Shakespeare tirou de Plutarco e o que escolheu deixar de lado: isto é, tudo o que Cleópatra possa ter feito fora da tumba ou de seu quarto. Quando, no Ato 5, Cleópatra pede a Otaviano que dê o Egito ao filho dela, podemos muito bem nos perguntar: "Que filho?". Cesarião foi mencionado, de passagem, apenas uma vez antes.

Ao contrário de Plutarco, Shakespeare havia visto no curso da própria vida que uma mulher era totalmente capaz de governar um país; sua peça foi escrita não muito tempo depois da morte da rainha Elizabeth I. Ele poderia, se tivesse escolhido fazê-lo, ter se distanciado de Plutarco para tornar o drama mais parecido com *Macbeth*, sua obra mais recente. Com revisões consideráveis, poderia ter ecoado o estudo de *Macbeth* sobre como uma mulher com sede de poder incita seu parceiro a conquistar o que ele deseja, porém não consegue convencer a si mesmo a perseguir. A Cleópatra de Shakespeare, por sua vez, não tem nada da complexidade desumana e atormentada presente na esposa homicida do líder escocês.

Shakespeare escolheu extrair de Plutarco as mesmas conclusões que o escritor clássico queria que seus leitores tivessem. Cleópatra existiu, em grande parte, para ser um grave erro de Marco Antônio, embora (pelo menos, perto do fim da vida dela) sua história fosse tão cativante quanto a dele. Apesar de toda a energia elétrica de Cleópatra e de seus discursos líricos, Otávia é a verdadeira heroína-mártir de Shakespeare: uma mulher decente explorada por seu irmão, por seu marido e pela amante dele.

Muitos que escreveram sobre Shakespeare, Berryman entre eles, apontaram que *Antônio e Cleópatra* é mais uma peça histórica do que uma tragédia, pois segue a sucessão de eventos "reais" em vez da ascensão e queda de um destino trágico singular. Dramatiza múltiplas reuniões em que conluios são formados e desfeitos, planos e acordos urgentes são traçados e violados, alianças são firmadas e alteradas. No entanto, ao contrário das grandes tragédias, fracassa em nos fazer sentir a dor que experimentamos com as mortes de Lear, Macbeth e Hamlet. Macbeth é um assassino, Lear, um velho tolo, e Hamlet, um jovem indeciso, e mesmo assim ignoramos suas falhas e sofremos com sua perda. Se esperarmos sentir que algo similar aconteça na conclusão de *Antônio e Cleópatra*, podemos nos decepcionar; Shakespeare não conseguiu superar sua ambivalência em relação ao herói e à heroína, o que torna mais difícil superarmos nossos sentimentos contraditórios.

Se *Antônio e Cleópatra* for de fato uma peça histórica, é incomum, pois Cleópatra – uma de dois personagens principais na cronologia dramatizada – parece ter um papel apenas tangencial nos acontecimentos históricos. Embora suas estratégias políticas e militares tenham sido fatores determinantes na guerra entre Otaviano e Marco Antônio, Shakespeare nunca permite que vejamos a rainha fazendo nada além de flertar com Marco Antônio, sofrer a agonia do ciúme, flertar mais um pouco, recolher-se à tumba com a ordem de que se diga a Marco Antônio que está morta, receber o corpo de Marco Antônio, ficar em luto por Marco Antônio, receber o camponês com a cesta de figos, colocar a serpente contra o peito e morrer. Não é possível imaginar essa mulher governando um reino ou repelindo as incursões do Império Romano por vinte anos. Como ela teria encontrado tempo e energia para atos de governo, administração e diplomacia quando parte tão grande de sua atenção estava voltada para rivais amorosas?

Antes de a peça começar, o Marco Antônio de Shakespeare já está arrasado. Ele sacrificou as responsabilidades, suas noções de dever e o senso de si mesmo por Cleópatra. Ele se deixou ser dominado por ela e as consequências foram tão terríveis quanto Plutarco nos avisou que seriam. Mesmo assim, nunca vemos a Cleópatra de Shakespeare tão dominante quanto ela é obstinada, lasciva e sedutora. Ela não parece capaz de (nem interessada em) levar Marco Antônio a cometer uma série de erros fatais e, quando um desastre acontece e ele a acusa de traí-lo, não sabemos ao certo por que a considera responsável. Algo está errado no equilíbrio entre os amantes e o mundo que os cerca. Teríamos que ter lido Plutarco para entender que um país e um império estão em jogo para ambos. Não importa quem interprete a Cleópatra de Shakespeare – entre os melhores estava o brilhante Mark Rylance, que encenou a peça com um elenco totalmente masculino, como teria sido encenada na época de Shakespeare –, a palavra *escandalosa* pode, em algum momento, passar pela cabeça do espectador.

No ensaio "Egyptian Queens and Male Reviewers", Linda T. Fitz critica a forma como Cleópatra foi privada de sua individualidade e transformada na "mulher arquetípica: praticante de artimanhas femininas, de misteriosa infantilidade, com muita paixão e pouca inteligência – exceto por uma espécie de malícia animalesca". Fitz cita uma série de críticos homens que comentam sobre como Shakespeare retrata a rainha egípcia. Como se lê em Harley Granville-Barker: "A mulher apaixonada tem os desejos e medos de uma criança, a prudente desconfiança de um animal; nenhum equilíbrio no julgamento, alguém diria, mas com frequência... ela demonstra o ceticismo perspicaz de uma criança". Em Edward Dowden: "A cada momento estamos necessariamente cientes da feminilidade vulgar, egoísta e turbulenta de Cleópatra, tanto quanto da bruxaria e do fascínio que excitam, encantam e subjugam" (em Steppat).

Fitz prossegue abordando o sexismo da peça, o duplo padrão aplicado ao se julgar os comportamentos de Antônio e Cleópatra, a representação acrítica do medo feminino de envelhecer, o ódio da sexualidade que Cleópatra é levada a representar. Podemos sentir que a verdade é um pouco mais complicada do que isso, mas sabemos a que a escritora se refere: o ódio por Cleópatra que persistiu ao longo do tempo, alimentado e mediado por sua imagem como a sedutora suprema.

Nossa reação a Cleópatra e sua situação pode variar de acordo com a produção em particular. Na versão de 2017 da BBC, Marco Antônio tenta se empalar caindo sobre sua espada em uma cama, uma resposta inadvertidamente cômica à questão de por que o ferimento não é fatal. Em duas produções que vi, encenações literais em excesso transformam a cena em que Marco Antônio é içado até a tumba de sua amante em algo que beira a farsa.

Há uma última bela fala que Shakespeare dá a Cleópatra, a passagem em que ela descreve seu sonho com Marco Antônio, recuperado da ruína em que estava no final da vida, transformado de volta no homem por quem ela se apaixonou, só que mais divino e heroico na memória do que até mesmo na vida. É uma fala que exige muito de uma atriz, esse grito ferido de amor transcendente elevado acima das brigas, flertes e ataques de ciúme dos primeiros quatro atos. Sua paixão e seu sofrimento são de alguma forma intensificados pelo fato de que ela é constantemente – e de maneira enlouquecedora – interrompida por Dolabella, um dos agentes de Otaviano.

CLEÓPATRA: Sonhei que Antônio era Imperador.
Ó quem dera dormir para voltar a ver
Tal homem.
DOLABELLA: Se me permite, por favor...
CLEÓPATRA: O rosto dele era como o céu onde
Sol e lua brilhavam em seu curso, iluminando
O pequeno O, a terra.
DOLABELLA: Mas, soberana...
CLEÓPATRA: Suas pernas transpunham o oceano; o braço erguido
Coroava o mundo; a voz soava
Com a propriedade das esferas, aos amigos;
Mas se queria fazer tremer o globo,
Era como trovão. Para sua generosidade,
Não havia inverno; era um outono
Que brotava mais ao ser colhido. Seus encantos,
tais qual delfim, mostravam o dorso
acima do elemento que habitavam.

O fato de o homem que ela descreve ter apenas uma semelhança passageira com aquele que vimos no palco apenas aumenta a solidão e o *páthos* de sua perda; Cleópatra está de luto por alguém que apenas ela parece conhecer e recordar.

Escrita setenta anos depois, a introdução de John Dryden para seu drama sobre Marco Antônio e Cleópatra, *All for Love*, admite livremente ter usado Shakespeare e "a maior sagacidade de nossa nação" como modelo. Como seus predecessores, ele foi inspirado pela "excelência da moral: pois as principais pessoas representadas eram padrões famosos de amor ilícito... Os crimes de amor cometidos por ambos não foram ocasionados por nenhuma necessidade nem por ignorância fatal, mas inteiramente voluntários; como nossas paixões estão, ou deveriam estar, sob nosso poder, o final deles foi adequadamente infeliz".

Ele se preocupa (e é compreensível que isso aconteça) com a possibilidade de que Otávia atraia toda nossa simpatia em detrimento de Cleópatra – uma falha que de fato se revela um problema na peça de Shakespeare e que continuaria a ser uma dificuldade nas versões posteriores da história de Cleópatra, entre elas a do extravagante filme de 1963:

> Embora possa usar dos privilégios de um poeta para introduzir [Otávia] em Alexandria, eu ainda não havia considerado que a compaixão que ela atraía para si e seus filhos era destrutiva para aquela reservada a Marco Antônio e Cleópatra... Embora eu tenha justificado Marco Antônio em certa medida, ao fazer que a partida de Otávia procedesse dela mesma; no entanto, a força do primeiro artifício, como o desvio de um rio para diversos canais, diminuiu o vigor do fluxo natural.

A solução de Dryden para o problema não é totalmente bem-sucedida: um confronto entre as duas mulheres que reduz nossa simpatia por ambas.

Embora sua poesia nunca alcance o nível da de Shakespeare – algumas passagens chegam perto disso –, a peça de Dryden é mais centrada. Começa depois de Áccio, quando o casal já foi derrotado, e segue sua trajetória descendente. A ação acontece ao longo de um único dia, o último de Marco Antônio. Ela evita a alternância vertiginosa de Egito para Roma e não tenta retratar um momento decisivo na história, mas em vez disso se concentra no fim dramático de um caso amoroso catastrófico: o tipo de romance fracassado que destrói tudo e todos em seu caminho.

Dryden prestou atenção nos momentos de Plutarco que permanecem com o leitor – a própria tradução de Dryden para as *Vidas*, de Plutarco, viria cinco anos depois – e em uma série de longas cenas mapeia a espiral de desespero de Marco Antônio e os esforços inúteis de Cleópatra para reanimá-lo com a vontade de viver.

É uma pena que a peça de Dryden não seja encenada com mais frequência, pois contém momentos memoráveis que fazem os amantes parecerem mais seres humanos do que os mitos, tão familiares a nós que não há muito que possa nos surpreender. Existe, por exemplo, um adorável diálogo entre os dois enquanto Marco Antônio está para morrer:

MARCO ANTÔNIO: Mas não sofras, enquanto permaneces,
Por meus últimos desastrosos momentos:
Creio que tivemos um dia belo e glorioso,
E o Céu, gentil, adiou a tempestade,
Até o fim de nossa noite. Dez anos de amor,
E nem um instante perdido, mas alçado
Às maiores alegrias – que tempos vivemos!
E agora morremos; e, morrendo,
Ao cruzarmos de mãos dadas os bosques abaixo,
Grupos de amantes fantasmas nos cercarão,
E o caminho será todo nosso.
CLEÓPATRA: Tuas palavras são o canto de um cisne ao partir,
Doces demais para durar. Tanto tempo houve
Para tua crueldade, e nada para o amor?

Nas linhas finais da peça, o sacerdote Serapião recita seu panegírico:

Dorme, par abençoado,
A salvo do acaso humano, daqui a muito tempo,
Com as tempestades do destino pairando sobre vosso túmulo,
A fama da posteridade dirá,
Nunca outros amantes tanto viveram, ou morreram tão bem.

Capítulo 9
Cleópatra nas telas

Seria um acidente o nome artístico de Theda Bara, que interpretou a rainha do Egito no filme de 1917 *Cleópatra*, ser um anagrama de *Arab Death* ["morte árabe"]? Fosse ou não intencional, o estúdio fez um estardalhaço ao criar uma identidade falsa para uma jovem atriz, transformando Theodosia Burr Goodman, de Cincinnati, em uma mulher árabe ou (em algumas versões) egípcia, filha de uma francesa com um xeique ou com um escultor italiano. A história oficial é que ela havia passado a infância no Egito à sombra da esfinge. Sensual, exótica, oriental, a garota de Cincinnati era chamada pela imprensa popular de "a Serpente do Nilo".

Os *stills* e dezesseis segundos do filme que sobreviveram e podem ser vistos no YouTube são um resumo perfeito das formas como Cleópatra foi retratada nas artes visuais e nas telas: dissimulada, sensual, exótica, seminua. Em uma entrevista de rádio de 1936, Theda Bara, então com 51 anos e aposentada como atriz, descreveu a "grande diversão" e o desafio de fazer o filme. O estúdio não tinha departamento de pesquisa e os atores tiveram que encontrar modelos históricos para o próprio figurino. Ela alega ter trabalhado com o curador de Egiptologia do Metropolitan Museum of Art e diz-se que a própria Bara, cujo pai era alfaiate, cortou os moldes.

É muito possível que o curador a tenha desviado da coleção egípcia em direção às obras de pintores orientalistas, às fantasias lúridas de Gérôme e Cabanel, ao êxtase barroco de Guercino. Para a Cleópatra de Theda Bara, *figurino* significava quase sem roupa. Os trajes dela variam de camisolas de temática asiática a algo que uma *stripper* usaria. Com tecidos diáfanos enrolados nos quadris, bustiês de metal mínimos e saias abertas até a coxa, ela é uma pintura francesa em versão Hollywood antes do Código de Produção. Entre suas peças de roupa mais ornamentadas está uma saia com uma longa cauda totalmente feita de penas de pavão.

Em um de seus trajes mais extravagantes, Bara está nua da cintura para cima, exceto por duas gaiolas redondas de metal, representando duas serpentes enroladas, uma envolvendo cada seio. Esses elaborados adornos *art déco* são pendurados nos ombros por correntes douradas.

Podemos supor que os cineastas tinham pouco interesse no que a Cleópatra histórica usava quando assinava isenções fiscais ou se reunia com os arquitetos que reconstruíam Alexandria. Como a Cleópatra interpretada por Vivien Leigh quase trinta anos depois, a rainha de Theda Bara é felina, mas menos ninfeta engraçadinha e mais símbolo sexual burlesco. Sua maquiagem estilo *vamp* lembra a famosa foto de Colette sentada de pernas cruzadas e com bigodes de gato desenhados nas bochechas.

É claro que os produtores calcularam que sexo e uma mulher praticamente nua venderiam mais ingressos que um filme sobre uma mulher tomando decisões acerca de projetos de irrigação. O problema, mais uma vez, não é o foco nos casos amorosos de Cleópatra, mas o fato de que o *único* ponto principal são seus casos amorosos. É de se imaginar qual seria a mensagem para jovens mulheres no início da Primeira Guerra Mundial: se quiser ser famosa ou imortal, encontre os homens mais ricos e poderosos e vista um sarongue transparente e cobras douradas cobrindo os seios. E o que o filme dizia aos homens? Que mulheres, sobretudo as orientais, eram ardilosas, insensíveis, dissimuladas e meio obcecadas por luxúria e pecado.

É dito que o filme de Theda Bara foi ao menos em parte inspirado pelo romance *Cleopatra*, de H. Rider Haggard. Com sua linguagem antiquada e vocabulário pseudoarcaico, o romance de 1889 parece estranhamente moderno, apenas porque o estilo de prosa e as convenções de enredo de seu gênero – a fantasia de aventura exótica – não mudaram muito nos anos seguintes. É ótimo que o exotismo racista das obras de Haggard (sendo a mais famosa delas *As minas do rei Salomão*, que inspirou diversas sequências e filmes) já tenha sido em grande medida extirpado do gênero, mas podemos abrir o romance dele de forma aleatória e encontrar uma passagem que não pareceria fora de lugar em um livro recém-publicado.

Assim ele começa:

> Por Osíris, que descansa em Abouthis [Abidos], o que escrevo é a verdade.
>
> Eu, Harmachis, Sacerdote Hereditário do Templo, criado pelo divino Seti, outrora Faraó do Egito, agora absolvido por Osíris e governando em Amenthes. Eu, Harmachis, por direito Divino e verdadeira linhagem de sangue do Rei das Duas Coroas e Faraó das Terras Altas e Baixas. Eu, Harmachis, que renunciei à germinante flor de nossa esperança, que abandonei o caminho glorioso, que esqueci a voz de Deus ao dar ouvidos à voz de uma mulher, eu, Harmachis, o caído, em quem se congregam todos os infortúnios como se acumulam as águas em um poço no deserto, que provou de todas as infâmias, que por meio da traição traiu, que ao perder a glória do que é perdeu a glória do que há por vir, que em completa ruína estou – escrevo, e por Ele, que descansa em Abouthis, o que escrevo é a verdade.

Nosso narrador é um sacerdote a quem se ordenou que expulsasse Cleópatra e os romanos do Egito e restaurasse a terra à sua verdadeira glória.

Disfarçado de médico, Harmachis está com Cleópatra em suas horas derradeiras e a envenena, diluindo o veneno com água e esperando que ela não o reconheça até que ele revele sua identidade.

> "O que é isso?", ela protestou; "Sinto frio, mas não a morte! Tu, médico maldito, tu me traíste!"
>
> "Acalma-te, Cleópatra! Logo tu morrerás e conhecerás a fúria dos Deuses! *A maldição do Menkau-ra foi quebrada!* Acabou! Olha para mim, mulher! Olha para esse rosto desfigurado, essa figura disforme, essa massa viva de sofrimento! *Olha! Olha!* Quem sou eu?"
>
> Ela olhou para mim desnorteada.
>
> "Oh! Oh!", gritou, levantando os braços; "por fim reconheço a ti! Pelos Deuses, tu és Harmachis! – Harmachis, que voltou da morte!"

No romance, o crime de Cleópatra é ter traído o sacerdote do templo por Marco Antônio – e vendido o Egito para Roma. O romance de Haggard pretendia ser divertido, como suponho que fosse para leitores que gostavam de texto extremamente ruim com crueldade oriental e uma paixão asiática operística.

Por que os dois filmes de Hollywood sobre Cleópatra – o épico de 1934, de Cecil B. DeMille, estrelando Claudette Colbert, e a superprodução de 1963 com Elizabeth Taylor no papel principal – seriam muito mais irritantes do que Boccaccio dizendo que Cleópatra "na realidade não era notável por quase nada, exceto pela estirpe e pela beleza; era conhecida no mundo todo por sua ganância, crueldade e destemperança"? Talvez porque os filmes estejam mais próximos de nós no tempo e nos sintamos mais responsáveis por eles; talvez porque demore muito mais assisti-los (o filme de 1963 tem quatro horas e meia de duração) do que ler as breves frases depreciativas de Boccaccio, portanto nosso investimento seja maior. Talvez seja porque Boccaccio fosse um artista melhor do que as pessoas responsáveis pelos filmes. Ou, talvez, porque se diz que o filme de 1963 foi o mais caro já feito. Tanto dinheiro desperdiçado em uma produção tão cheia de defeitos! Seria ingênuo reclamar que os filmes continuam a longa tradição de se fixar na vida romântica de Cleópatra, e não na vida política e pública. Na realidade, ambos os roteiros contêm batalhas, um assassinato e um cortejo público histórico, mas Cleópatra é, novamente, mais uma espectadora do que uma governante.

Tal qual "a ardilosa rainha do Nilo", Claudette Colbert usa sua beleza como arma. Jovial, sedutora, insinuante, ela atrai os líderes romanos Júlio César (Warren William) e Marco Antônio (Henry Wilcoxon) para sua teia. Embora o filme comece com a afirmação de que é baseado em "fontes históricas", até onde sei não existe nenhuma fonte para suas cenas de abertura.

Primeiro vemos as criadas de Cleópatra levando um suntuoso banquete para seu quarto, para logo depois descobrir que ela havia desaparecido. Ela tinha sido sequestrada, jogada em uma carruagem em movimento, levada para o deserto, amarrada a um poste e deixada para morrer – como a donzela de um melodrama vitoriano, amarrada aos trilhos do trem pelo vilão de bigode.

O sequestro é obra do irmão dela. O jovem Ptolomeu XIII voltou para Alexandria com César, que está prestes a assinar um decreto tornando Ptolomeu o único regente do Egito. Será que nada poderia ser feito para o impedir? A enrascada dá a Cleópatra um excelente motivo para arquitetar a manobra de ser enrolada no tapete, levada de volta à cidade às escondidas e jogada aos pés de César.

No entanto, a maestria de seu plano não é nada perto do traje escolhido por ela para a jornada no tapete: uma saia de cintura baixa com abertura até a coxa e um lenço de seda enrolado no pescoço, cobrindo metade dos seios. O que impressiona não é apenas que ela esteja tão nua quanto Theda Bara, tão sensualmente nua quanto as mulheres nas pinturas orientalistas. É que o caimento do pano e a forma como este se molda às curvas dela nos lembram de como uma roupa pode ser muito mais sugestiva do que a pele nua.

À medida que a cena avança, Cleópatra profere falas medonhas e constrangedoras, uma atrás da outra:

"Mulheres devem ser brinquedos para os poderosos – isso serve bem a ambos."

"Não sou mais uma rainha, sou uma mulher."

"Potino me raptou e me deixou no deserto para morrer. Mas nada me impediria de cumprimentar você."

"Parece estranho vê-lo trabalhando. Sempre imaginei você lutando... ou amando."

O filme faz de tudo para mostrar – e com sensacionalismo – a devassidão e a imoralidade de que Cleópatra era acusada. O filme surgiu em um dos pontos baixos da Grande Depressão. E 1934 também foi o ano em que Adolf Hitler se declarou chefe de Estado da Alemanha. O esplendor da corte egípcia, liderada por uma deusa ptolomaica do sexo, certamente pretendia oferecer uma distração aos problemas vigentes e vindouros do país.

Dissolver uma pérola gigante em uma taça de vinho teria parecido um truque barato comparado ao espetáculo encenado por Cleópatra instantes depois de atrair Marco Antônio à sua barca. Um grupo de dançarinas se contorce pelo chão, cada uma delas segurando uma concha cheia de pérolas e joias. Em um êxtase de vaidade e generosidade orgiástica, Marco Antônio e Cleópatra pegam joias das conchas e jogam para uma multidão que se estapeia para recolher os prêmios até ser afastada por soldados egípcios com chicotes. Em dado momento, o tumulto se transforma em uma cena de dança com mulheres se contorcendo em reveladores trajes com estampa de leopardo.

Se cada versão da vida de Cleópatra reflete a época em que foi criada, os veículos de Theda Bara e Claudette Colbert ilustram a descoberta, no século XX, de até que ponto o sexo pode vender um produto. É claro que isso não era nenhuma novidade. Cabanel e os outros pintores orientalistas compreendiam que o colecionador abastado se sentiria mais à vontade para comprar uma tela de uma bela mulher seminua se ela tivesse uma linhagem real: uma figura histórica com um passado exotizado nos clássicos. No entanto, foi apenas no século xx que Hollywood percebeu o quanto isso poderia ser lucrativo: uma mulher intensa seduzindo dois dos mais famosos e poderosos homens da Antiguidade.

A começar por Cleópatra sendo sequestrada e deixada para morrer no deserto, o filme de DeMille tem vaga relação com os fatos. Sua cena mais elaborada é uma que historiadores têm razoável certeza de que não aconteceu: o triunfal cortejo anunciando a chegada de Cleópatra para encontrar Júlio César em Roma. Há ampla concordância de que tanto César quanto Cleópatra teriam todos os motivos para querer que a visita dela a Roma fosse discreta e evitar um espetáculo. No filme, porém, vemos Cleópatra seguir seu amante na parada caótica e cheia de gente, sentada majestosamente no trono, em um palanquim decorado com falcões e outros símbolos do Egito *art déco* de Hollywood.

No final do filme, a serpente pica Cleópatra no peito, mas isso é feito com muito bom gosto e discrição. As mãos da rainha são posicionadas decorosamente para esconder as presas afundando em sua carne. Mesmo depois da morte, ela consegue se manter não apenas ereta, mas também majestosa: o último vislumbre que temos dela, no trono, com um elaborado cenário ao fundo, evoca de forma quase precisa o orgulho e a dignidade com que ela comandou sua entrada triunfal em Roma.

Talvez a única coisa que se possa dizer em favor do filme, em contraste com outras versões cinematográficas da história de Cleópatra, é que evita as pavorosas caricaturas racistas encontradas em *César e Cleópatra*, de 1945, e no *Cleópatra*, de 1963. De fato, nenhum ator não branco parece ter sido escalado, embora haja uma infeliz cena na qual a esposa de César, Calpúrnia, conta a uma amiga romana que seu marido está no Egito com a nova amante. É tudo muito risonho e feminino. As mulheres tentam imaginar a aparência de Cleópatra – ou seja, o quanto seria grave tê-la como rival. Nunca ocorre a elas que nada importaria a um homem a não ser a beleza em uma mulher.

"Será que ela é negra?", pergunta uma das mulheres e elas se acabam em gargalhadas. Por que essas mulheres romanas acham a ideia tão hilária? Calpúrnia e suas amigas são brancas e loiras, de cabelos meticulosamente ondulados à moda das estrelas de Hollywood dos anos de 1930. Cleópatra não é menos branca, mas seu cabelo preto e o delineador com um traço para cima pretendem sinalizar algo mais... asiático.

A vida de Cleópatra foi mais uma vez transformada em uma fantasia orientalista para agradar ao público. Pelo preço de um ingresso, os espectadores americanos podiam entrar no cinema e deixar que os problemas de Cleópatra os distraíssem dos seus.

Muitas histórias – algumas decerto verdadeiras, outras provavelmente apócrifas – cercam a realização do filme de 1963, hoje conhecido como "*Cleópatra* de Elizabeth Taylor". Uma anedota diz respeito à primeira vez em que Taylor assistiu ao filme inteiro em uma tela – e vomitou.

Mesmo os admiradores do filme podem compreender a reação de Taylor. Durante boa parte das filmagens, ela sofreu de uma série de doenças graves e foi diversas vezes hospitalizada. Uma crise severa de pneumonia exigiu uma traqueostomia de emergência. No *set*, a atriz casada se apaixonou pelo colega de elenco também casado Richard Burton. Desde o começo, o romance de Taylor e Burton foi tempestuoso, supostamente marcado pela violência por abuso de álcool.

E é simplesmente um filme horrível. Taylor é obrigada a recitar falas que nem mesmo o melhor ator de todos conseguiria falar com uma cara séria – e é seu trabalho nos fazer acreditar nelas.

A duração excessiva do filme é apenas uma manifestação de seu senso peculiar de sua grandeza e importância. Ele abre com a imagem de uma cortina de teatro fechada e um letreiro que anuncia sua "Abertura". Isso dura dois minutos e trinta e cinco segundos e uma música orquestral quase oriental, com o clangor de pratos e violinos soluçando, toca enquanto encaramos a cortina.

O filme começa com o resultado da Batalha de Fársalos. Acampamentos militares pontilham a vista panorâmica junto de piras em que queimam os cadáveres daqueles que acabaram de ser mortos na guerra de César com Pompeu. Rex Harrison tem a fala de abertura: "A fumaça da queima dos mortos romanos também é preta e o fedor é o mesmo". Sua entrada em Alexandria, de barco, é elaborada. A Esfinge foi movida do deserto para o cais onde o barco romano atraca. Fingindo ter ido fazer compras em barracas de feira nos degraus do palácio, Júlio César vaga despreocupado quando o jovem faraó e sua comitiva aparecem.

A consciência quanto à distância que percorremos nos setenta anos desde que o filme foi feito chega ao nosso primeiro vislumbre dos escravos negros que carregam a liteira onde está Ptolomeu. O olhar deles é fixo e vazio, seu figurino é pornograficamente escasso, com tangas ornamentadas que mal cobrem os genitais. Nosso desconforto é intensificado pela forma como o filme retrata Potino, o "líder eunuco" de Ptolomeu – com língua presa, afetado, maquiado como uma gueixa. Para o caso de ainda não termos entendido, César faz uma piada sobre eunucos: "Líder eunuco – uma posição elevada, assumida com certo... digamos... sacrifício?".

Um dos livros mais bizarramente divertidos já escritos sobre Cleópatra é *My Life with Cleopatra: The Making of a Hollywood Classic*, de Walter Wanger, produtor do filme. Um relato sobre as crises sem fim que acompanharam a realização do épico, o livro de memórias parece o cruzamento entre um diário de filmagens e o livro de Jó. Wanger descreve um longo show de horrores de custosos erros, recálculos, revisões e contratempos caros ao extremo. Quando Taylor insistiu em receber um cachê de 1 milhão de dólares, o estúdio propôs uma longa lista de atrizes mais baratas, entre elas Joan Collins.

Uma considerável animosidade foi gerada pela escolha de um famoso cabeleireiro de Hollywood por insistência de Taylor, decisão que revoltou o sindicato dos cabeleireiros britânico. A bainha do vestido com penas de avestruz de Taylor pegou fogo, iniciado por fósforos jogados no chão.

Houve múltiplas alterações de locação, dois diretores, escritores demitidos e contratados; Lawrence Durrell foi incumbido de dar mais nuance aos personagens. A seguradora não parava de insistir que os produtores contratassem outra atriz para substituir a doente Taylor.

A certa altura, a produtora sofreu um processo de 100 mil dólares de um tratador de elefantes que alegava que a companhia havia insultado os animais ao descrevê-los como "selvagens". Elefantes substitutos foram importados do Reino Unido. As criadas e escravas entraram em greve, alegando que seus figurinos eram reveladores demais; é difícil imaginar trajes mais diminutos do que os que apareceram na tela.

E todo o tempo o orçamento continuou subindo, chegando ao máximo de (dizia-se) 44 milhões de dólares, cerca de 400 milhões nos valores "de hoje". A construção do *set* de Londres exigiu, escreveu Wanger, "228 quilômetros de tubos de aço; dormentes suficientes para mais de seis quilômetros de ferrovia; 560 metros cúbicos de madeira; sete toneladas de pregos; trezentos galões de tinta – resumindo, *material de construção o bastante para fazer cerca de quarenta casas*" (grifo meu). Palmeiras foram importadas da Holanda. O palácio de Cleópatra em Alexandria cobria mais de 80 mil metros quadrados. Seu interior era quase tão grande quanto a Grand Central Station e tinha o dobro de altura. Cada grande incremento no orçamento demandava reuniões, brigas e mudanças no poder. O mau tempo atrapalhou a produção, o que foi apropriado para um filme ambientado em uma época em que tudo dependia das cheias do rio Nilo.

Wanger explica repetidas vezes por que valia a pena contar a história de Cleópatra:

> A tela inteira desse grande mundo, com quatro personalidades dinâmicas lutando por seu domínio... atrairia todas as mulheres do planeta, dos 8 aos 90 anos... Pode ser a última palavra em *opulência* [grifo meu, mais uma vez], beleza e arte – um filme que as mulheres amarão por sua beleza e história. Afinal, é a história de uma mulher que quase governou o mundo, mas foi destruída pelo amor.

A história de uma mulher que quase governou o mundo, porém foi destruída pelo amor. Também foi a história de uma mulher que governou o Egito por vinte anos, contudo foi destruída pelo Império Romano. No entanto, essa não é a história que Wanger e seus colegas contam.

Foi um "filme para mulheres" que prometeu recuperar a fortuna gasta em sua criação. Foi lançado no mesmo ano em que *A mística feminina*, de Betty Friedan, o livro sucesso de vendas que sugeriu que as mulheres poderiam querer mais do que filhos, trabalho doméstico e os agradecimentos da associação de pais e mestres local. Possivelmente pela primeira vez, Cleópatra foi vista como uma figura heroica, com poder, filhos, amor, liberdade sexual, propriedades incríveis e dinheiro. O filme oferecia aos espectadores uma fantasia além daquela trazida por Claudette Colbert e Theda Bara. Fazia o público querer *ser* a rainha egípcia com seus amantes apaixonados e roupas fabulosas – e isso apesar de seu fim excruciante. Os produtores sabiam que era o tipo de filme que poderia abrilhantar uma carreira e gerar um lucro que calaria os críticos que disseram que ele nunca daria certo.

Já chegamos aos vinte minutos de filme quando aparece Cleópatra – enrolada em um tapete. Inexplicavelmente, César parece saber o que o tapete contém. Em um momento estranhamente sexualizado, César pergunta por que Apolodoro colocou o tapete no chão de certa maneira e recebe a resposta de que foi posto com a frente para cima. César (agora segurando uma espada que ameaça várias vezes enfiar no tapete) insiste para que seja virado ao contrário. Quando inspeciona uma mercadoria, ele diz, sempre gosta de ver o lado de trás. Ele vira o tapete enrolado. É assim que a rainha do Egito surge, caindo no chão, de rosto para baixo e traseiro para cima.

Vestida de forma mais recatada que suas predecessoras de Hollywood, ela mostra ter cérebro ao criticar os mapas de César. Logo depois, os homens de César têm que contar a ele sobre a rainha egípcia, presumivelmente porque um líder romano não se interessaria pelo governante de um país em cujos assuntos estaria prestes a se intrometer.

O relato sobre Cleópatra segue Plutarco – até certo ponto. "Com reputação de ser extremamente inteligente e perspicaz, a rainha Cleópatra é bastante culta e considerada muito bem instruída em Ciências Naturais e Matemática. Ela fala sete línguas." As linhas sobre essa inteligência ofuscar a beleza dela são omitidas. Essa é Elizabeth Taylor e nada ofusca sua beleza. Também não encontramos em Plutarco o comentário casualmente misógino que César deixa escapar: "Se não fosse mulher, seria considerada um intelectual".

Outro companheiro acrescenta detalhes adicionais que podem ser "mais interessantes": "Para atingir seus objetivos, é sabido que Cleópatra já empregou tortura, venenos e até mesmo seus talentos sexuais... que dizem ser... consideráveis". (Nenhuma transcrição é capaz de transmitir o tom lascivo que o ator dá a essas últimas palavras.) "Os amantes dela são listados mais por números do que por nomes. É dito que ela escolhe feito um homem, em vez de esperar ser escolhida de uma maneira mais feminina." A listagem de amantes por número é um fato esquisito em relação a uma figura histórica que, até onde sabemos, teve apenas dois.

Isso é seguido por uma cena em que Cleópatra recebe uma massagem de corpo inteiro, nua. César força sua entrada no aposento com mulheres seminuas e Cleópatra descreve sua situação militar enquanto se cobre com um véu semitransparente. Ela irradia sexo, mas mais do que isso: repreende César por incendiar acidentalmente a Biblioteca de Alexandria. (Um sábio que dava a Cleópatra uma aula sobre epilepsia lamenta o que foi perdido no fogo: "Manuscritos de Aristóteles, as histórias, o Testamento do Deus Hebreu".) A rainha insolente faz uma defesa fervorosa da liberdade intelectual: "Como você e o restante de seus bárbaros ousam atear fogo em minha biblioteca? Nem você nem qualquer outro bárbaro tem o direito de destruir um pensamento humano".

O que se segue é uma daquelas furiosas discussões intelectuais que em filmes hollywoodianos de certas épocas funcionam como preliminares. Aconchegando-se em César, Cleópatra murmura: "Você é livre para fazer o que quer quando quiser?". E é isso. O que mais ela poderia querer dizer?

Algum esforço é feito para nos dar a sensação de uma mente existir dentro daquele corpo irresistível. De fato, essa Cleópatra é uma espécie de crítica literária. "Estive lendo seus comentários a respeito da campanha na Gália", ela diz a César, em tom de flerte. "Talvez tenha um pouco de descrição demais."

O flerte evolui. César declara: "Eu não tenho filhos... É sabido que Calpúrnia é estéril". Ao que Cleópatra responde: "Uma mulher que não pode ter filhos é como um rio que se secou", uma situação que ela prontamente remedia engravidando dele e instruindo suas criadas a levarem o bebê a César. Se ele pegar a criança, significa que reconhece seu herdeiro legítimo. A despeito do que a história nos conta sobre a recusa de César em reconhecer Cesarião, ele não apenas sonha com o bebê, mas também declara, a plenos pulmões: "Eu tenho um filho!".

Inspirados pelo cortejo triunfal do filme de 1938, os produtores ficaram obcecados por uma cena similar, encenada em escala muito superior, para servir de peça central do filme. Mais uma vez, o fato de que o cortejo pode nunca ter acontecido não teve importância; os cineastas contrataram 6 mil figurantes e um enorme zoológico. O coreógrafo Hermes Pan foi trazido para encenar o desfile. Wanger relembra: "Um balé de negros está em um dos palcos de som, ensaiando; atletas praticam salto com vara e esgrima no campo de atletismo, com arqueiros atirando nas proximidades; os cocheiros... trabalham em um dos *sets* ao ar livre".

O assassinato de Júlio César é retratado como a tragédia pessoal de Cleópatra. Embora a história o coloque em casa, na cama com a sonhadora Calpúrnia na noite que antecedeu sua morte, acordando ao som de portas e janelas se abrindo, Hollywood o manda em uma visita noturna às escondidas a Cleópatra. Ele recita uma lista de inquietantes presságios. Aterrorizada, a rainha egípcia consegue apenas murmurar: "Sinto que precisa de mim agora e não posso ajudá-lo".

Depois da morte dele, Cleópatra foge de Roma. Marco Antônio a ajuda a subir em sua barca dourada. Vestindo um manto decotado, ela grita enfurecida quando ouve que César nomeou Otaviano como herdeiro em vez de seu filho. Mais uma vez ignorando a história, Marco Antônio se oferece para apresentar a reivindicação de legitimidade de Cesarião ao Senado.

Marco Antônio herda o poder do líder assassinado. Quando uma multidão de soldados barulhentos coloca nele a coroa de louros, gritando e batendo as espadas nos escudos em uníssono perfeito, espectadores podem se recordar de cenas semelhantes em *O triunfo da vontade*, de Leni Riefenstahl. A associação militar retorna um pouco depois: a barca em que Cleópatra parte para encontrar Marco Antônio em Tarso é do tamanho de um porta-aviões moderno.

No entanto, primeiro Cleópatra se recusa a comparecer ao encontro em Tarso, dando resposta contundente enfraquecida pelo fato de que está nua, no banho, brincando com uma barca dourada em miniatura. As cenas do encontro entre os dois duram um bom tempo: primeiro um suntuoso banquete, depois uma conversa longa e sedutora durante a qual Marco Antônio fica extremamente bêbado. Dançarinas de biquíni, com a pele nua brilhando de óleo, dão um tipo de espetáculo sexual, que inclui uma liteira na qual um ator vestido como Baco (rechonchudo e nu, exceto por uma folha de figueira dourada) abraça uma mulher vestida como Cleópatra, que se contorce. Em seu estupor, Marco Antônio tropeça no chão, caindo sobre as dançarinas, joga Baco para o lado e praticamente ataca a sósia de Cleópatra até permitirem que entre na brincadeira.

Marco Antônio procura Cleópatra, que espera por ele na cama, dentro de uma fina cortina de dossel que ele – incapaz de abrir – corta com a espada. Mais tarde, quando Cleópatra toma conhecimento do casamento dele com Otávia, ela leva essa espada para o quarto, destrói seu budoar, golpeia sua cama diversas vezes e então desaba a chorar.

A reconciliação dos amantes é de certa forma conectada à Batalha de Áccio. Contra as próprias convicções, Marco Antônio cede à insistência de Cleópatra para que combatam na água. Não fica claro se a rainha egípcia sabe mais, se o está punindo pelo casamento com Otávia ou se – o que parece mais provável – está testando a masculinidade dele. Qualquer que fosse o caso, ele fracassa no teste. Cleópatra é quem comanda essa guerra.

O homem, porém, ainda tem alguns truques na manga. Durante uma discussão, Cleópatra dá um tapa em Marco Antônio, depois dá outro. Ele a derruba no chão, onde ela permanece e faz o restante da cena olhando para ele.

Cleópatra se despede de Cesarião, que parece ter 12 anos, embora saibamos que estava perto de 18. Quando ele diz que está com medo, sua mãe responde: "Todos os reis e especialmente rainhas têm medo, apenas não demonstram, algo que pessoas comuns não conseguem fazer". Especialmente rainhas?

A morte de Marco Antônio não poderia ser mais desajeitada ou feita de forma mais constrangedora; o ferido é içado até a janela em um tipo de maca de tecido. Os amantes se despedem com ternura. Cleópatra encontra Otaviano, que repete seu desejo de levá-la para Roma como um troféu da vitória. Ele parte depois de arrancar de Cleópatra a promessa de que fará o que ele mandar. Uma cesta é trazida. Quando espiamos dentro dela, algo serpenteia. Cleópatra enfia a mão nela, depois de escrever para Otaviano que seu último desejo é ser enterrada ao lado de Marco Antônio. Ela reflete que sua vida foi como o sonho de outra pessoa, mas que agora estará no próprio sonho.

As últimas palavras que a ouvimos dizer são: "Marco Antônio! Espere".

Qual seria a opinião da Cleópatra histórica a respeito de suas representações ao longo dos dois mil anos que sucederam sua morte? Quanto tempo ela levaria para compreender primeiro o conceito de filme, depois as especificidades do filme apelativo de 1938, anterior ao Código de Produção, ou do épico hipersério de 1963 – ambos supostamente sobre ela? Pensemos na história contada por Paul Bowles a respeito do pânico e do choque do escritor marroquino Mohammed Mrabet que assistiu ao filme de Charlton Heston, *Os Dez Mandamentos*, e correu para contar a Bowles a notícia de que o Cairo havia sido destruído. (Por coincidência, Heston também fez um filme de *Antônio e Cleópatra*, de Shakespeare, com Hildegarde Neil como Cleópatra, mas que teve um lançamento limitado nos Estados Unidos e críticas, em geral, ruins.)

O que ela teria pensado a respeito da forma em que apareceu nas páginas e nas telas – o equilíbrio sempre inconstante entre verdade, exageros e mentiras? Por menos que saibamos sobre ela, uma coisa que parece clara é que Cleópatra não era uma pessoa que se esquivava das vistas do povo, do trabalho nem dos perigos de se conquistar e manter um enorme poder político. Ela não era uma mulher que evitava estar em evidência, então será que a agradaria saber que depois de tanto tempo sua luz ainda brilharia? O que reconheceria de si mesma em Elizabeth Taylor ou Theda Bara, ou em Plutarco ou Shakespeare?

Plutarco nos diz que ela era inteligente. Por duas décadas dramáticas e difíceis, ela manteve a integridade e a independência de uma civilização antiga, pela última vez até que o século xx restituísse seu país a si mesmo. Talvez Cleópatra entenderia como foi vista por ângulos diferentes, usados para provar visões políticas opostas, como um reflexo para cada época, como uma tela na qual se projetam ideias mutáveis e imutáveis acerca das mulheres, dos impérios, do poder e do Oriente.

Certamente ficaria claro para ela que não foi esquecida, que a história de sua vida – e as interpretações equivocadas, mentiras e fantasias que aumentaram os fatos – mudou ao longo do tempo, fixando-a de forma indelével em nossa história e na consciência de nossa espécie.

Cronologia

TODAS AS DATAS A.C.

c. 69	Cleópatra nasce em Alexandria
51	Cleópatra se torna cogovernante com seu irmão Ptolomeu XIII
50	Ptolomeu expulsa Cleópatra do Egito
48	Cleópatra é derrotada em Pelúsio, retornando ao Egito
	Pompeu, derrotado por Júlio César, é morto por Ptolomeu XIII
48-47	César apoia Cleópatra; eles derrotam e matam Ptolomeu XIII
	Cleópatra se casa com seu irmão Ptolomeu XIV
	Cleópatra assume o trono e dá à luz o filho de César, Cesarião
46	Cleópatra, Cesarião e Ptolomeu XIV visitam Roma como convidados de César
44	César é assassinado; Cleópatra e sua família fogem de Roma para Alexandria
	Ptolomeu XIV morre
43	Cleópatra apoia Otaviano e Marco Antônio contra os assassinos de César
42-41	Marco Antônio encontra Cleópatra em Tarso e retorna com ela para Alexandria
40	Os gêmeos de Cleópatra e Marco Antônio nascem; Marco Antônio volta para Roma e se casa com Otávia
37	Cleópatra fornece ajuda financeira à campanha parta de Marco Antônio
34	Marco Antônio e Cleópatra promovem as Doações de Alexandria, celebrando sua dinastia
	Otaviano e Marco Antônio rompem
31	Batalha de Áccio; Marco Antônio e Cleópatra fogem de navio da batalha
30	Agosto: suicídios de Marco Antônio e Cleópatra em Alexandria

Genealogia

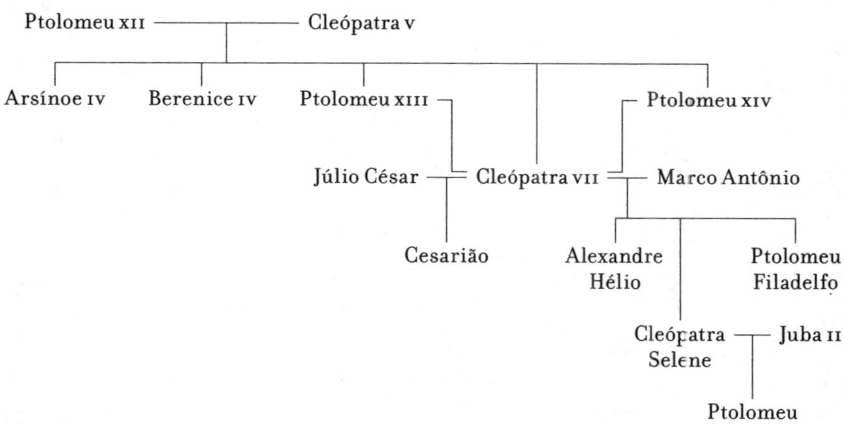
Ptolomeu XII
Cleópatra V
Arsínoe IV
Berenice IV
Ptolomeu XIII
Ptolomeu XIV
Júlio César
Cleópatra VII
Marco Antônio
Cesarião
Alexandre Hélio
Ptolomeu Filadelfo
Cleópatra Selene
Juba II
Ptolomeu

Bibliografia

FONTES ANTIGAS

Caesar, Julius. *The Civil War: With Anonymous Alexandrian, African, and Spanish Wars.* Trans. John Carter. Nova York: Oxford University Press, 1997. [Ed. bras.: César, Caio Júlio. *A guerra civil.* São Paulo: Estação Liberdade, 1999.]

Cassius Dio. *Ver* Dio Cassius.

Cicero, Marcus Tullius. *The Letters of Cicero.* Vol. 4. Trans. Evelyn S. Shuckburgh. Althenmünster: Jazzybee Verlag Jürgen Beck, n.d.

Dio Cassius [Cassius Dio]. *Roman History.* Vol. 4: *Books 41–45.* Trans. Earnest Cary and Herbert B. Foster. Loeb Classical Library 66. Cambridge: Harvard University Press, 1916; Vol. 6: *Books 51–55.* Trans. Earnest Cary. Loeb Classical Library 83. Cambridge: Harvard University Press, 1917.

Diodorus Siculus. *Library of History.* Vol. 1: *Books 1–2.34.* Trans. C. H. Oldfather. Loeb Classical Library 279. Cambridge: Harvard University Press, 1933; Vol. 8: *Books 16.66–17.* Trans. C. Bradford Welles. Loeb Classical Library 422. Cambridge: Harvard University Press, 1963.

Hirtius, Aulus. *The Alexandrian War. Ver* Caesar, Julius.

Horace. *Ver* Thornton, William Thomas.

Jones, Prudence J. *Cleopatra: A Sourcebook.* Norman: University of Oklahoma Press, 2006.

Lucan. *The Civil War (Pharsalia).* Trans. A. S. Kline. Poetry in Translation, https://www.poetryintranslation.com/klineaslucan.php.

Lucian. *Icaromenippus; or, The Sky-man.* In Lucian. *The Downward Journey; or, The Tyrant. Zeus Catechized. Zeus Rants. The Dream; or, The Cock. Prometheus. Icaromenippus; or, The Sky-man. Timon; or, The Misanthrope. Charon; or, The Inspectors. Philosophies for Sale.* Trans. A.M. Harmon. Loeb Classical Library 54. Cambridge: Harvard University Press, 1915.

Plutarch. *The Age of Caesar: Five Roman Lives.* Trans. Pamela Mensch. Ed. James Romm. Nova York: Norton, 2017.

Plutarch. *Life of Antony.* Ed. C.B.R. Pelling. Cambridge: Cambridge University Press, 1988.

Plutarch. *The Lives of the Noble Grecians and Romans.* Trans. John Dryden. Nova York: Modern Library, 1932.

Propertius. *The Elegies.* Book 3. Trans. A.S. Kline. Poetry in Translation, https://www.poetryintranslation.com/PITBR/Latin/PropertiusBkThree.php#anchor_Toc201112466. [Ed. bras.: Propércio. *Elegias de Sexto Propércio.* Belo Horizonte: Autêntica, 2014.]

Strabo. *Geography.* Vol. 8: *Book 17, General Index.* Trans. Horace Leonard Jones. Loeb Classical Library 267. Cambridge: Harvard University Press, 1932.

Suetonius. *Lives of the Caesars.* Trans. Catherine Edward. Nova York: Oxford University Press, 2000. [Ed. Bras.: Suetônio. *As vidas dos doze Césares.* Brasília: Senado Federal, 2012.]

Thornton, William Thomas. *Word for Word from Horace: The Odes Literally Versified.* London: MacMillan, 1878.

FONTES MODERNAS

Beard, Mary, and Michael Crawford. *Rome in the Late Republic.* London: Duckworth, 1999.

Berryman, John. "The End." In *Berryman's Shakespeare.* Ed. John Haffenden. Nova York: Farrar, Straus and Giroux, 2000.

Boccaccio, Giovanni. *On Famous Women.* Trans. Guido A. Guarino. New Brunswick: N.J.: Rutgers University Press, 1963.

Canfora, Luciano. *The Vanished Library: A Wonder of the Ancient World.* Trans. Martin Ryle. Los Angeles: University of California Press, 1987. [Ed. bras.: *A biblioteca desaparecida: histórias da Biblioteca de Alexandria.* São Paulo: Companhia das Letras, 1989.]

Chauveau, Michel. *Cleopatra: Beyond the Myth.* Trans. David Lorton. Ithaca: Cornell University Press, 2002.

Chauveau, Michel. *Egypt in the Age of Cleopatra.* Trans. David Lorton. Ithaca: Cornell University Press, 2000.

Dell, Pamela. *Hatshepsut: Egypt's First Female Pharaoh.* Minneapolis: Compass Point Books, 2009.

Drakakis, John. *Antony and Cleopatra.* London: MacMillan, 1994.

Dryden, John. *All for Love: The World Well Lost.* Whitefish, Mont.: Kessinger, 2017.

Fielding, Sarah. *The Lives of Cleopatra and Octavia.* Ed. Christopher D. Johnson. Lewisburg, Pa.: Bucknell University Press, 1994.

Fitz, L.T. "Egyptian Queens and Male Reviewers: Sexist Attitudes in *Antony and Cleopatra* Criticism." *Shakespeare Quarterly* 28, no. 3 (Summer 1977): 297–316.

Gautier, Théophile. "One of Cleopatra's Nights." In Gautier, *One of Cleopatra's Nights and Other Fantastic Romances.* Trans. Lafcadio Hearn. Nova York: Hagemann, 1894. [Ed. bras.: "Uma noite de Cleópatra". In *Os melhores contos que a história escreveu.* Organizado por Flávio Moreira da Costa. Rio de Janeiro: Nova Fronteira, 2006.]

Grant, Michael. *Cleopatra.* Edison, N.J.: Castle, 2004.

Granville-Barker, Harley. *Prefaces to Shakespeare.* Vol. 3: *Antony and Cleopatra, Coriolanus.* New Delhi: Atlantic, 2007.

Gruen, Erich S. "Cleopatra in Rome: Facts and Fantasies." In Miles, *Cleopatra*, 37–53.

Haggard, H. Rider. *Cleopatra.* Floating Press, 2012. [Ed. bras.: *Cleópatra.* São Paulo: Madras, 2011.]

Hamer, Mary. *Signs of Cleopatra.* London: Routledge, 1993.

Hughes-Hallett, Lucy. *Cleopatra: Histories, Dreams and Distortions.* Nova York: Harper Collins, 1990. [Ed. bras.: *Cleópatra: histórias, sonhos e distorções.* Rio de Janeiro: Record, 2005.]

Jones, Prudence J. *Cleopatra: A Sourcebook.* Norman: University of Oklahoma Press, 2006.

Kleiner, Diana E.E. *Cleopatra and Rome.* Cambridge: Harvard University Press, 2005.

Lichtheim, Miriam. *Ancient Egyptian Literature.* Los Angeles: University of California Press, 1980.

Miles, Margaret M., ed. *Cleopatra: A Sphinx Revisited.* Los Angeles: University of California Press, 2011.

Pomeroy, Sarah B. *Goddesses, Whores, Wives, and Slaves: Women in Classical Antiquity.* Nova York: Schocken, 1975.

Pushkin, Alexander. "Egyptian Nights." In *Novels, Tales, Journals: The Complete Prose of Alexander Pushkin.* Trans. Richard Pevear and Larissa Volokhonsky. Nova York: Knopf, 2016. [Ed. bras.: Púchkin, Aleksandr. "Noites egípcias". In *Noites egípcias e outros contos.* São Paulo: Hedra, 2010.]

Rackin, Phyllis. "Shakespeare's Boy Cleopatra, the Decorum of Nature, and the Golden World of Poetry." PMLA 87, no. 2 (March 1972): 201–212.

Roller, Duane W. *Cleopatra: A Biography.* Nova York: Oxford University Press, 2010.

Rowlandson, Jane. *Women and Society in Greek and Roman Egypt: A Sourcebook.* Cambridge: Cambridge University Press, 1998.

Schiff, Stacy. *Cleopatra: A Life.* Nova York: Little, Brown, 2010. [Ed. bras.: *Cleópatra: uma biografia*. Rio de Janeiro: Zahar, 2011.]

Shakespeare, William. *Antony and Cleopatra.* Ed. Maynard Mack. Baltimore: Penguin, 1960. [Ed. bras.: *Antônio e Cleópatra*. Rio de Janeiro: Lacerda, 2001.]

Steppat, Michael. *The Critical Reception of Shakespeare's "Antony and Cleopatra" from 1607 to 1905.* Amsterdam: Verlag B. R. Grüner, 1980.

Tarn, W.W., and M.P. Charlesworth. *Octavian, Antony and Cleopatra.* Cambridge: Cambridge University Press, 1965.

Walker, Susan, and Peter Higgs. *Cleopatra of Egypt: From History to Myth.* Princeton: Princeton University Press, 2001.

Wanger, Walter. *My Life with Cleopatra: The Making of a Hollywood Classic.* Nova York: Vintage, 2013.

Wellendorf, Heather. "Ptolemy's Political Tool: Religion." *Studia Antiqua* 6, no. 1 (2008): 33–38.

Agradecimentos

Consultei várias traduções de Plutarco para o inglês. A tradução mais recente e (para mim) útil e de onde extraí as citações é *The Age of Caesar: Five Roman Lives*, traduzido por Pamela Mensch e editado por James Romm, meu amigo e colega no Bard College. Sou grata a ele por ter me convidado a contribuir para esta série e por me dar motivos para ler não só Plutarco, mas também Suetônio, Dião Cássio, Diodoro Sículo e alguns textos ptolomaicos sobreviventes. Com suas excentricidades e preconceitos, o dom da narrativa e da observação, esses autores se tornaram meus companheiros durante o isolamento imposto pela Covid-19 e seu longo e nevado inverno.

Índice remissivo

Acreditamos
nos livros

Este livro foi composto em Filosofia e impresso
pela Geográfica para a Editora Planeta do Brasil
em janeiro de 2024.